JN271460

未来への国家戦略

この国に自由と繁栄を

NATIONAL STRATEGIES FOR THE FUTURE

大川隆法
RYUHO OKAWA

まえがき

本書は、本年の鳩山政権の崩壊《ほうかい》から、菅政権の発足、そして参院選直前までの、約一カ月間の、私の宗教家あるいは思想家としての立場からの政治的講演集である。

私は、幸福の科学という大きな宗教団体の総裁ではある。されど、私自身、一人の憂国《ゆうこく》の士《し》である。また、東京都の区立図書館を陵駕《りょうが》する個人蔵書を背景に、一個《いっこ》の思想家・言論人としての発言を続けている者でもある。

本文を読んでいただければわかるので、多くは語るまい。ただ、ただ、この国の「光」でありたい。世界を照らす「太陽」でありたい。そう願うのみである。

二〇一〇年　七月二十三日

国師《こくし》　大川隆法《おおかわりゅうほう》

未来への国家戦略　目次

第1章　「国難パート2《ツー》」に備えよ

第2章 富国創造に向けて

第3章　景気回復の指針

2

第4章　国家社会主義への警告

第5章　未来への国家戦略

第1章

「国難パート2《ツー》」に備えよ

2010年6月3日（東京都・幸福の科学 白金精舎にて）

1　鳩山《はとやま》首相辞任後の政局を読む

本章では、私の著書『大川隆法 政治提言集』（幸福の科学出版刊）を参考にしつつ述べていきたいと思います。

同書は、主として、ここ二年ぐらいの間に私が講演したもののなかから、テーマごとに抜粋《ばっすい》してまとめたものです。もともとは宗教法人の内部経典として出す予定だったのですが、原稿《げんこう》を読んでみると、簡潔で分かりやすかったので、書店で出すことにしたのです。

幸福実現党や幸福の科学の政治思想が、「五冊も十冊も本を読まなければ分からない」というのでは、世間にはなかなか通じないので、簡単に分かりやすく読めるものを一つぐらいは出しておいたほうがよいのではないかと思ったわけです。同書を読めば、私たちの政治思想について、全体的な方向性がよく見えるのではないかと思います。

ただ、今日（六月三日）は、やや微妙《びみょう》な〝お日柄《ひがら》〟です。昨日《きのう》、鳩山由紀夫《はとやまゆきお》氏が総理辞任を表明しました。

明日、民主党で代表選挙が行われ、その後、新しい首相が誕生することになるわけですが、今日は、ちょうど政治的な空白の時期、谷間の時期にたまたま当たってしまいました。

こうした時期に説法をすることは、「現在進行形で面白《おもしろ》い」という考えもあるでしょうし、「新たな政権がカチッと固まってから批判を言ってほしい」という考えもあるでしょう。今は、そのあたりの微妙な狭間《はざま》にあるので、あまり変なことを言うと、一日しか説法の内容がもたなくなることもありうるので、私としても、若干《じゃっかん》、難しいところがあります。

また、同書の内容は、主として、「鳩山・小沢体制」を念頭において語ってきたものなので、次の政権がどうなるかによっては、多少、内容が変化せざるをえません。政治的な論点や、ディベート、言論主張の論点、あるいは、選挙戦術等の論点などが、当然、変化していかなければならないので、若干、厳しいところがあります。

今、永田町《ながたちょう》では、まだ最後の〝綱引《つなひ》き〟をしている状況《じょうきょう》だろうと思いますが、大勢《たいせい》としては、現時点でナンバー2《ツー》の位置にいる菅直人《かんなおと》氏が出てくるのが、順当な筋でしょう。

ただ、考え方としては、もう二種類あります。

一つは、七月の参院選で負けると見た場合に、一カ月余りしかもたない首相では損をするので、「使い捨て用の人を出す」という案です。もう一つは、「政治家

として の実力とは関係なく、選挙に勝てる顔で戦う」という案です。基本的には、以上の三通りがあり、今日いっぱいかけて詰《つ》めがなされると思います。

菅氏単独で行くか、あるいは対立候補をぶつけてくるか等の調整が、夜まで続くかもしれませんし、あるいは、出来《でき》レースのように、だいたい打ち合わせが終わった上で、いちおうセレモニーとしての代表選を行うか、そのへんは微妙なところだと思います。

菅直人氏自身は、やる気満々だろうとは思いますが、参院選で完敗した場合には、非常に短い総理生命となるのは間違《まちが》いないと思われます。

昨日《さくじつ》、私は、鳩山総理辞任という政変を見て、急遽《きゅうきょ》、幸福の科学総合本部において、菅直人氏の守護霊《しゅごれい》と仙谷由人《せんごくよしと》氏の守護霊を呼んで霊言《れいげん》を収録しました。ほかにも、ヒトラーの霊と胡錦濤《こきんとう》守護霊の二人を呼び、彼らと同列に並べるという〝名誉《めいよ》ある地位〟に置くことで、その本心を探ってみたのです（『国家社会主義とは何か』〔幸福の科学出版刊〕参照）。私は、民主党政権の次のラインとして、だいたいこの二人を念頭に置いているということです（その後、六月八日に菅内閣の組閣が行われ、仙谷由人氏は内閣官房《かんぼう》長官に就任した）。

若手議員のなかにも人気のある人はいますが、その〝カード〟は、一般的《いっぱんてき》には温存するでしょうから、年齢的《ねんれいてき》に見ても、経験的に見ても、この二人が出てくるのが順当なところだと思われます。

そういう状況を前提に、〝大川隆法　政治提言集・未来編〟を述べる必要があるかもしれません。

2　新政権は野党の攻撃《こうげき》を凌《しの》げるか

本来は、国民の信を問うべきである

さて、去年の五月以降の一年間、私たちは、さまざまな政治運動をしてきました。さまざまな発言をし、本を出し、街宣をし、選挙運動もして、「鳩山《はとやま》政権によって、国難が来る」という警鐘《けいしょう》を鳴らしてきました。世間的には、後追いのかたちではありますが、八カ月半かかって、「去年、幸福実現党が主張していたことは正しかった」という結論は出ていると思うのです。

鳩山政権については、「外交面で問題が起きる」ということや、「鳩山氏を総理にしても、短命ですよ」ということを、去年の段階で言っていました。

次の首相は、衆議院で三百以上持っている議席を、そう簡単には手放したくないでしょうから、何とか必死で逃《に》げ延びようとするでしょう。

それに対して、野党のほうは、当然、あの手この手で攻《せ》めてきて、解散を迫《せま》ってくるはずです。沖縄《おきなわ》の米軍基地問題は、まだ解決していないし、宮崎県《みやざきけん》の口蹄疫《こうていえき》の問題も解決していないし、郵政の改正法案の処理もまだ終わっていないし、消費税をどうするのかという問題もあります。

そのように、いろいろな問題がたくさん残っているので、野党のほうは、当然、攻め落としにかかってくるでしょう。

鳩山氏が辞《や》めたタイミングは、「総理の首を挿《す》げ替《か》えて、継投策《けいとうさく》で逃げ切ることもできれば、衆参同時選もできる」という、どちらでもいけるタイミングであったとは思います。

ただ、普天間《ふてんま》問題であれだけ揺《ゆ》れて、「日米関係を取るのか、日中関係を取るのか」というような、去年、民主党も自民党もあまり争いたくなかった問題が最大の争点になってきているので、本来ならば、国民の意見を聴《き》かなければいけません。また、連立を組んでいる国民新党に引っ張られて、郵政民営化の流れを、また元に戻《もど》そうとしていますが、これが本当に良いことなのかどうかについても、本来は国民の信を問うべきでしょう。

さらに、民主党には、公約違反《いはん》が数多くありますので、やはり、「国民の信を問え」という野党の攻撃には、ある程度の正当性があるだろうと思います。この攻撃を凌《しの》ぎ切って、国会での多数派を維持《いじ》できるかどうかが、次の攻防戦になるでしょう。

野党時代の「カルマの刈《か》り取り」が起きている民主党

民主党が野党であったときには、自民党が解散総選挙をせずに総理大臣を三回も替え、首の挿げ替えをするだけで政権与党《よとう》として生き延びたことに対して激しく攻撃し、「自分たちなら、そんなことはしない」と言っていました。

ところが、民主党が政権を取っても、やはり首の挿げ替えをして生き延びようとするのでは、全然、話が違《ちが》います。これも一種の公約違反のようなものでしょう。

しかし、現実には、もし衆議院を解散したら、今、三百以上ある議席が減ることは確実です。

このあたりは、何か「カルマの刈《か》り取り」のようなものが、この一年間で起きている感じがします。彼らが野党の側にいたときには、「責任がない」と思って、言いたい放題のことを言っていましたが、今度は、自分たちが与党の立場になり、同じ基準で批判され、攻撃された場合にどう対応するのかということを問われているわけです。

これは、金丸信《かねまるしん》の霊《れい》が、小沢一郎氏について言っていたことと同じです（『民主党亡国論』〔幸福の科学出版刊〕第1章参照）。金丸信は、霊言《れいげん》のなかで、「『自民党だったら辞めなければいけないような場合でも、民主党なら辞めなくていい』という論理は通用しない。与党になったら民主党も同じだ。けじめをつけよ」ということを言っていました。

結局、あの霊言がかなり決め手になったのではないかと思うのですが、鳩山氏は、小沢氏と同士討《どうしう》ちというか、刺《さ》し違えのようなかたちをとり、それを手柄《てがら》のようにして辞めていきました。小沢氏は、多数をバックにして、権力で検察を押《お》さえ込《こ》んだようなところもあったので、若干《じゃっかん》、危ない傾向《けいこう》は出てきていたと思います。

3　本格的な左翼《さよく》政権がもたらす「国難パート2《ツー》」

「鳩山《はとやま》・小沢体制」よりも、さらに「左」に寄ってくるだろう

「鳩山《はとやま》・小沢体制」は崩《くず》れましたが、次が良い体制になるかどうかということを考えると、必ずしも、歓迎《かんげい》できるような状態ではないと思います。

これから「国難パート2《ツー》」が始まると予想されるので、それに向けて備えをしなければいけません。それで、前述したように、私は、昨日《きのう》、参院選前に民主党に撃《う》ち込《こ》む〝次の弾《たま》〟として、緊急霊言《きんきゅうれいげん》を録《と》ったわけです。

次の政権は、ある意味では、「鳩山・小沢体制」よりも、さらに「左」に寄ってくると思われます。本格的な「左翼」だと思います。小沢氏も鳩山氏も、今は

「左」に寄っていますが、いちおう自民党の経験者であり、保守本流に籍《せき》を置いたことがある人たちです。しかし、今度は、もっと本格的な「左」が出てくると思われます。

もっとも、鳩山氏は、いかにも社民党に引っ張られたように見せていましたが、あのように、「外のもの」にやられたように見せるのは、彼の得意技《とくいわざ》の一つなのです。彼の本心を言えば、やはり、社民党などの考え方と、それほど大きくは変わらなかったのではないかと思います。

ただ、総理大臣というのは、一種の国の機関であるので、総理の立場に立ったならば、しなければいけない判断というものがあるのです。野党時代に、「そういう立場に立ったら、どうなるか」ということを想像もせずに意見を言っていたため、実際に自分がその立場に立ったときに、困ることが起きたわけです。

その点、幸福実現党は、政権与党《よとう》の立場に立っていないにもかかわらず、まるでそういう立場に立っているかのごとき発言を、ずっとし続けています。したがって、将来的には、〝上昇株《じょうしょうかぶ》〟であり、かなり有望です。言行一致《げんこういっち》で、ブレずに意見を言い続けており、あとから、「そのとおりになりましたね」と言われているので、先行きとしては、〝株〟が次第しだいに上がっていくことは間違《まちが》いないのです。

現実に、この一年間で、少しずつではありますが、水面下ではそうとう評価が上がってきていると思います。「ほとんど、言っていたとおりになってきた」ということです。

マスコミ等も、今、勇気を奮って、きついことを言っているように見えますが、その正邪《せいじゃ》の判定については、私たちが言っていることを、いちおう基礎《きそ》にしていると思われます。したがって、「幸福実現党が、もう一段、水面上まで顔を出せるかどうか」というところが、これからの攻防戦《こうぼうせん》です。

私の読みとしては、「国難パート２」が続いてやってくるということです。民主党のなかには、労働組合や教職員組合等がバックに付いている「左寄り」のグループと、やや保守系のグループとがいます。

例えば、松下政経塾《まつしたせいけいじゅく》系の議員もいるので、そういう人たちへの攻撃《こうげき》は少し控《ひか》えめにしています。民主党全部をどうこうすることはなかなかできないため、できれば、保守系と左翼系に分裂《ぶんれつ》していただいたほうがよいと思い、左翼系のほうへの攻撃を、やや強めにしようと考えています。

「地球市民」という言葉を使う人たちの正体

次に予想される「左寄り政権」は、ほとんど中国の延長上にあるような考え方をするだろうと思われます。菅直人《かんなおと》氏や仙谷由人《せんごくよしと》氏などは、安保世代の人たちですが、基本的に、「地球市民」というような考え方をします。そういう思想が流《は》行《や》っていた時代の人たちなのです。

「地球市民」という言葉を使いたがる人たちは、結局、「国家」を否定し、「国民」という言葉や、「国益」という言葉を使いたくない人たちなのです。

「地球市民」というのは現代的な言い方ですが、少し時代を遡《さかのぼ》れば、共産主義のスローガンである「万国の労働者の団結」ということになるわけです。「万国の労働者の団結」を「地球市民」という言葉で言い換《か》えているだけなので、これは左翼的なものの考え方であると思います。

したがって、彼らには、基本的に、「国家」という概念《がいねん》があまりなく、「国益」という概念も、「国民」という考えも、極《きわ》めて弱いと思われます。

こういう考え方をする人たちの目には、「北朝鮮《きたちょうせん》も『朝鮮民主主義人民共和国』であり、中国も『中華《ちゅうか》人民共和国』であるから、みな民主主義の国である」というように見えているのです。これは知っておかなければいけません。

彼らは、「平等性」の側面のほうを強調した民主主義観を持っているので、北朝鮮や中国が民主主義国家のように見えているのです。ある程度、市場経済のほうを開いたならば、普通の民主主義国家とほとんど同じではないかと見ているわけです。

その裏側にある共通項《こう》は、「信仰心《しんこうしん》、宗教心、霊的なものの考え方、神仏への尊敬の気持ちなどはない」ということです。

宗教にとって、これは、ある意味で、一つの大きな壁《かべ》だと思います。私が破ろうとしている「最後の冷戦構造」の部分は、実は、日本まで地続きであるということです。自覚しているかどうかは別として、冷戦構造は、北朝鮮や中国だけにあるのではなく、日本国内にも深く入り込んでいるのです。

「宗教を裏側に持っていくこと、つまり、宗教を否定したり、隔離《かくり》したり、強く押《お》さえ込んだりすることが、進歩的で文化的、民主的な考え方であり、知識人の考え方である」というスタンスがあるわけです。

これと戦わなければいけないので、宗教政党としての戦いは、ある意味で、「鳩山・小沢」政権の場合よりも、いっそう厳しくなる可能性はあります。

鳩山氏自身は、「友愛」を掲《かか》げていたように、基本理念としては宗教的な考え方を一部に持っていたことは事実です。それから、夫婦で〝宇宙人信仰〟を持っていたことや、占《うらな》い等に凝《こ》っていたことも分かっています。そのため、「幸福実現党とは、それほど思想的に距離《きょり》がない」と見ていたところがあるようです。彼は、「幸福実現党から批判される理由はないのに」と思っていた節がかなりあります。

また、小沢一郎氏は、独裁者タイプの人ではありますが、先祖供養的な、ぼんやりとした仏教的信仰のようなものは持っていると推定されます。過去世《かこぜ》や、死後の世界、魂《たましい》というものについて、ぼんやりとは理解していると思われるのです。

ところが、その次に出てくる人たちは、そういう意識がさらに薄《うす》まってくると思われるので、宗教政党にとっては、ある意味で、価値観がはっきりと対立的に出てくる面があるかもしれません。本当に、宗教弾圧型《だんあつがた》の動き方をしてくる可能性もないとは言えないと思います。

つまり、〝兵糧攻《ひょうろうぜ》め〟や、何らかの〝足枷《あしかせ》〟をかけるような動きが出てくる可能性はあるのです。

「米軍基地の全面撤去《てっきょ》」と「日本の中華文化圏入り《ちゅうかぶんかけん》」が菅《かん》氏の本心

ただ、菅《かん》氏が次に出てきたとしても、野党側からは、「問題が何も解決していない」ということで攻められるでしょうし、「首の挿《す》げ替《か》えだけをするのは、自民党と同じではないか」と批判されるでしょう。最近の自民党の三人の総理は、みな一年程度で辞《や》めており、首の挿げ替えで政権を維持してきましたが、その自民党と同じではないかということです。

それに対して言い逃《のが》れをしたならば、「自分たちは『首の挿げ替えはしない』と言っていたのに、嘘《うそ》をついた」と言われて、また評判が下がる可能性もあります。

そこで、短期間のうちに起《き》死《し》回生《かいせい》の策を打てるかどうかですが、鳩山総理が辞任する直前に、中国は「温家宝《おんかほう》カード」を切り、鳩山総理を励《はげ》ますために温家宝首相を日本に送り込んだのに、まったく効き目がありませんでした。ですから、次の選挙対策としても、中国カードは効かないと推定されます。

また、菅氏は、沖縄《おきなわ》の米軍基地の問題については、おそらく、本心を隠《かく》して時間稼《かせ》ぎに入ると思われます。〝死人に口なし〟型で、すべてを鳩山氏個人の問題に持っていこうとするでしょう。鳩山氏は、次の選挙には立候補せずに引退すると言っており［注］、何らの権限もなくなるので、鳩山氏個人の問題に持っていくだろうと思いますが、どの程度の嘘をつくかが見ものです。

菅氏は、「自分は、日米関係を重視しており、基地は維持《いじ》しなければいけないと思うけれども、将来的な課題としては、検討を続けるつもりでいたのだ」などと言って逃《に》げようとするのではないかと思われます。

しかし、彼の本心は、米軍基地を全面撤去《てっきょ》し、日本が中華文化圏《ちゅうかぶんかけん》入りをすることにあると推定されます。

したがって、「国難パート２」が始まることになるので、それに対して身構えておく必要があると思います。

それから、〝伏兵《ふくへい》〟としては、松下政経塾系の人たちがいます。原口総務大臣や前原国交大臣などは、少し人気はありますが、はっきり言えば、指導力が足りない人たちです。一国の総理をやらせたら、おそらく、指導力不足で長くはもたない人たちでしょうが、ある程度の人気はあるので、国民をやや〝誘惑《ゆうわく》する力〟

はあります。

民主党は、こういう人たちを選挙対策用などに使ってくる可能性はあります。松下政経塾出身の人たちは、各人がバラバラの党派で動いているので、まとめて論じることは難しいのですが、彼らは、いちおう、「保守の精神」と「信仰心」のようなものを基本的に持っているので、決定的な敵としては認定したくないと思っています。

ただ、菅氏や仙谷氏あたりは、はっきり言って、信仰心が偽物《にせもの》というか、信仰心を持っていないほうに限りなく近いでしょうし、「国家」、あるいは「利益」というものを、「悪」だと思っている節がかなりあるので、こういう思想には注意しなければいけません。

［注］七月十七日、鳩山氏は、進退の判断を来春に先送りする旨を述べた。

4　地域主権論の危険性

地域主権論は中央の権力者の「責任逃《のが》れ」にすぎない

松下政経塾《まつしたせいけいじゅく》系の議員たちや、あるいは、今回、みんなの党から立候補した元PHP社長の江口氏（比例代表で当選）なども、みな地域主権論者です。

先日、私は、幸福の科学・東京正心館での説法（五月二十三日、「『日米安保クライシス』講義」）で、「沖縄《おきなわ》の基地問題を見れば、地域主権、地方分権、あるいは道州制というものが、どれほど危険であるかが分かる」ということを、最後に少しだけ述べました。

現在は、まだそういう制度にはなっていないにもかかわらず、一国の総理が、沖縄県知事や、市長、町長などに振《ふ》り回され、結果的に、辞《や》めさせられたようなかたちになっているわけです。

そうした事実は、正確にきちんと見ておかなければいけないと思います。

もし、沖縄に主権があって、「沖縄は、米軍基地を受け入れません」ということになったら、まさしく「国家としての漂流《ひょうりゅう》」が始まります。どの県なら基地を受け入れてくれるのかを一生懸命《いっしょうけんめい》に探さなければいけなくなるので、道州制ないし地域主権制になると、国家対国家の条約を結べない状況《じょうきょう》になってくるでしょう。

結局、この制度は、基本的に責任逃《のが》れの考えだと思われます。リーマン・ショックのときに、経済担当者は、「百年に一度の大恐慌《だいきょうこう》である」「これは、隕石《いんせき》に当たったような災難であり、どうしようもないのだ」などということを言って、責任逃れをしようとしましたが、それと同じです。

道州制や地域主権も、中央の権力者にとっては、責任逃れの方法としてそうとう使えるのです。

現時点では、道州制や地域主権の是非《ぜひ》について、マスコミの価値判断がはっきりとはついておらず、何となくよいことのように捉《とら》えられています。そのため、菅《かん》氏などは、こういうものを強く打ち出してくるだろうと推定されます。そうすれば、民主党内の若手のホープたちの路線ともつながりができるからです。

ただ、私が述べたように、沖縄の基地問題を見て、「道州制や地域主権は成り立たない」ということが分からないようであれば、やはり、国家のトップとしては失格であると判定せざるをえません。

今、知事や市長には外交権限など何もないにもかかわらず、「基地を叩《たた》き出す」と言って、同盟関係を壊《こわ》すようなことができるわけですから、大変なことです。

最近は、「町長のほうが首相よりも強いかもしれない」という話もあるぐらいです。徳之島《とくのしま》の町長が三人寄ったら、首相よりも強い感じになって、「基地は絶対に要《い》りません」と言って頑張《がんば》るようなことが実際にありました。

宮崎県《みやざきけん》の口蹄疫《こうていえき》も「国家レベルの危機管理」が必要な問題

それから、宮崎県《みやざきけん》の口蹄疫《こうていえき》の問題も影響《えいきょう》が大きかったと思います。鳩山《はとやま》氏は、辞任を決める前に、宮崎県へ行きました。口蹄疫で死んだ牛のお見舞《みま》いなのか、知事のお見舞いなのか、農家のお見舞いなのか、私にはよく分かりませんが、作業服を着て、宮崎県の牛のお葬式《そうしき》に行ったようです。

この口蹄疫の問題でも、もし、宮崎県に主権を与《あた》えて、「宮崎県で処理してください」ということにしたら、何の解決にもならないでしょう。

農林水産省から「牛を殺処分せよ」と言われても、それを拒否《きょひ》できるということになりかねません。「農林水産省は、『全部、殺して埋《う》めなさい』と言うけれども、宮崎県には主権があるので、宮崎県としては種牛を護《まも》る」と言って頑張ったならば、他県のほうは、「種牛の病気をうつさないでくれ」と、必死で抵抗《ていこう》するような感じになるでしょう。

松阪牛《まつざかぎゅう》にも宮崎の牛の種が入っているため、さらに汚染《おせん》が広がる可能性があり、大変な恐怖《きょうふ》だろうと思います。

そのように、国家レベルで危機管理を行わなければならない事態は、当然、発生するので、「地域主権は危ない」という問題点が、ここでも露呈《ろてい》しました。

鳩山氏自身は、そのようなことはまったく考えていなかったと思います。そんなことなどまったく考えずに宮崎へ行き、牛の埋葬《まいそう》を見て、陰陽道《おんみょうどう》風に、「何だか縁起《えんぎ》が悪いなあ。自分も埋葬されるのかなあ」と、おそらく、共時性《きょうじせい》で、そのように感じたのではないかと思います。

「ああ、牛が何万頭も殺されて埋められる。私も死んで一緒《いっしょ》に埋められるのかな。かわいそうな私だ」というように共感をして、何となく敗北ムードのなかに吸い込《こ》まれていったような感じを受けます。

「自分や小沢氏も、〝殺処分〟されて埋められるのだな」というようなセンチメンタリズムに陥《おちい》って帰ってきたのではないでしょうか。行くべきではないときに行って、疫病神《やくびょうがみ》に取り憑《つ》かれたような感じに見えました。

地域主権は国を弱める「遠心力」にしかならない

松下幸之助《まつしたこうのすけ》の流れを引く人たちは、地域主権、地方分権をかなり言う傾向《けいこう》があります。それも、ある程度は、良い面もありますが、国家的な指導力が問われるようなときには、残念ながら国を弱める力にしかなりません。遠心力しか働かないからです。

これは、江戸幕府の時代に、もう一度、戻《もど》っていくような感じです。江戸時代は藩《はん》制度であったので、長州藩が四カ国艦隊《かんたい》と戦ったときに、「あれは長州の戦争であって、幕府とは関係ありません」とか、薩英《さつえい》戦争のときに、「薩摩《さつま》と英国が戦争をしても、幕府は関係ありません」とか言うこともできました。

それで、外国と戦った長州や薩摩は、「外国の軍隊が、どれほど強いか」ということを実感し、「国を変えなければいけない」と考えて、幕府を倒《たお》す結果になりましたが、おそらく、そういう時代に戻るような感じになるでしょう。

「地域を振興《しんこう》させる」という目的でテコ入れするのはよいのですが、結果的に、新しい役所ができて、東京から一定の人材がUターンするような就職先ができるぐらいのことにしか、おそらくはならないでしょう。

地方に、道州系の大きな役所か、今の県庁を大きくしたようなものができる程度のことで、役人が増えるだけです。

そして、地方に徴税権《ちょうぜいけん》を与えて、「地方で独自に税金を取ってください。その代わり、地方交付税を減らします」ということになるでしょう。要するに、国が税収不足の問題から逃げて、「地方で勝手に集めてください。力のあるところは集められるでしょう。知事の人気で、どうぞ集めてください」という感じでしょうか。

増税などを国が行うと国政選挙で負けるので、そういう嫌《いや》なものを地方に振り、「自分たちのクビをかけて税金を取ってください」ということにするだろうと思われます。結局、責任逃れであるわけです。そういう問題が伏在《ふくざい》しています。

松下幸之助の考え方のなかには、基本的に、分社制というか、事業部制のような考え方があります。「一人のマネジメント能力には限界があるので、分社して子会社の社長をたくさんつくり、連邦型経営《れんぽうがたけいえい》で大きくしていく」という、ドラッカーと同じような思想があるのですが、国家のレベルになると、そういう金儲《かねもう》け型の経営だけでは済まない部分があるのです。

要するに、危機管理的なものや、外交などがあるので、この部分は、やはり弱めてはいけないのです。こういう視点が抜《ぬ》け落ちていることが、次の政権への攻《こう》撃《げき》ポイントの一つになるだろうと思います。このあたりは、しっかり頭に入れておかなければならないところです。

第2章

富国創造に向けて

2010年6月5日（栃木県・幸福の科学　総本山・正心館にて）

1　国家経営のヒントが満載《まんさい》の『富国創造論』

『富国創造論』は、資本主義の精神を体現した方々による霊言《れいげん》

今年（二〇一〇年）六月、私は『富国創造論』（幸福の科学出版刊）という本を出しました。この本で霊言《れいげん》をしている二宮尊徳《にのみやそんとく》、渋沢栄一《しぶさわえいいち》、上杉鷹山《うえすぎようざん》の三名は、日本の資本主義の精神を体現している方々であると同時に、創造性の高い方々でもあります。

そして、この本には、今の日本にとって非常に大事なヒントが満載《まんさい》されています。本当は、首相官邸《かんてい》で講義をしなければいけない内容であり、菅直人《かんなおと》氏を座らせて、講義をしたいぐらいです。この本を理解してもらえれば、少しはましにな

るでしょう。

私には、「菅氏は、経済が分かっていない」ということが、はっきり分かってしまいます。これが霊能者のつらいところです。

左翼《さよく》思想に染まっている菅氏や仙谷《せんごく》氏には、経済が分かるはずがありません。この本を読んでも、おそらく理解できないでしょう。読んでも、言葉が素通《すどお》りするのです。かわいそうなぐらい頭に引っ掛《か》からないのです。その意味で、この国は、今、本当に気の毒な状況《じょうきょう》にあると思います。

しかし、彼らに、いろいろなところから情報が入っていくこともあるので、私は今、根気よく、いろいろな提言をしています。

日銀の金融《きんゆう》政策などに影響《えいきょう》を与《あた》えはじめている

『富国創造論』の第2章は「渋沢栄一の霊言」であり、そのなかで、渋沢さんは、「大きな発想で新産業をつくれ」ということを述べています。

これは、今年三月十一日、総合本部で行った霊言です。その後《ご》、幸福の科学の精舎《しょうじゃ》で収録映像を公開したのですが、五月の後半ぐらいから、日本銀行が、本書に書いてあるようなことをやり始めたのです。本としてまだ発刊されていない段階でしたが、情報としては、すでに入っていたと思われます。

渋沢さんは、霊言のなかで、「日銀の〝海賊版《かいぞくばん》〟をつくれ。日銀に産業を振興《しんこう》する機能があってもいい」というようなことを言っていました。すると、五月、日本経済新聞等に記事が出ましたが、日銀は、「銀行が成長分野の企業《きぎょう》に融資《ゆうし》するのであれば、〇・一パーセントの金利で貸し出す」というようなことを急に言い出したのです。これは、いまだかつて日銀では例のないことです。

渋沢さんが語ったようなことを、本の発刊前にやり始めるということは、情報ルートが、どこかでつながっていることを意味しています。

このように、いろいろな人が聴《き》いたり読んだりしているので、どこかで波及《はきゅう》効果が出てくるのです。

特に、本書は、財務省の人たちにも勉強してもらわなければいけない本の一つです。

〝お金の話〟は、けっこう難しいものです。特に、公務員の人たちは、実際に事業をしていないので、理解できないことが多いのです。

ですから、二宮尊徳、渋沢栄一、上杉鷹山のような、実際に、事業経営というか、国家経営のレベルに近いところを経験された方々の実践的《じっせんてき》な意見をよく聴いて、しっかり勉強していただきたいと思っています。

2 菅《かん》政権は「国難パート2《ツー》」をもたらす

各方面に浸透《しんとう》しつつある、幸福実現党の主張

六月二日に、ちょうど鳩山《はとやま》首相辞任という政変がありましたので、この件についても一言、触《ふ》れておきたいと思います。

今回の辞任は予想どおりです。私は去年の段階ですでに、「鳩山政権は短い。来年、交代するだろう」と指摘《してき》していましたが、そのとおりになり、読みが当たりました。

私には、彼らの〝頭の中身〟が推定できるので、だいたい、「どうするか」が分かってしまうのです。

「鳩山政権は、外交で躓《つまず》いて短命で終わるだろう」ということは分かっていたので、かなり早い段階から、一生懸命《いっしょうけんめい》、警告していたわけです。

そして、そのとおりの世界が展開してきたので、信者だけではなく、国民の多くも、私たちが言っていたことの意味が、何となく分かってきたのではないでしょうか。

また、今の政権与党《よとう》である民主党は、大きな政党ではありますが、このなかにも、当会との情報ルートはそうとう入っています。そのため、私が発信していることは、すぐに通じていきますし、一カ月もしたら、政策が横取りされているような状態です。

ただ、私は、この国がよくなるのならば、私たちの政策をどの政党が実行しても構わないと思っています。その証拠《しょうこ》に、私は、考えたことを惜《お》しみなく発信し、次から次へと、いくらでも政策提言を出しています。横取りされることなど、気にもしていないのです。

マスコミの人も私の本を読んでいますが、今年は私の本があまりにも多く出ているので、それらを一生懸命に読んでいるうちに、だんだん、彼らの頭のなかにも内容が入っていっているようです。

去年のマスコミには、「幸福実現党を無視する」という態度も見られましたが、今年は、無視するのではなく、私の本の内容が、記事を書いたり番組をつくったりするときのネタ、あるいは判断基準としてかなり使われ始めています。これが現状です。

水面下では、この一年間で、そうとう、いろいろなことが進んできていると考えています。

菅《かん》政権は、鳩山《はとやま》政権より、もっと「左」に寄る

菅《かん》政権の組閣は、今日（六月五日）、天皇陛下が葉山《はやま》の御用邸《ごようてい》で静養中のため、首班指名の四日後になりました。まことに珍《めずら》しいタイミングでの政権交代ですが、天皇陛下はサインをしたくないので、休んでおられるのでしょうか。「任命するのは嫌《いや》である」という意思表示かどうかは分かりませんが、そういうかたちでの〝拒否権《きょひけん》〟もありうるのかもしれません。

菅政権のツートップは、本心から言えば、「天皇制に反対である」と思われるので、皇室にとっては、嫌な人たちを大臣に任命しなければいけない状態かと思います。

菅氏は、東京工業大学理学部出身であり、政治家としては市民運動家から始めているので、はっきり言って、国家経営的な発想をするには非常に厳しいところ

があると思います。

学問的には、鳩山《はとやま》氏と同じような頭の構造を持っていると思われます。経歴から見ると、「マイナーな人たちに対する政治運動にかかわっているうちは、効果的な活動ができるタイプだが、メジャーになって、大きなものに責任を持つような政治にかかわるようになると、物事の大小を取り違《ちが》えるタイプである」と推定されます。

今度の政権は、菅氏と、〝徳島の狸《たぬき》おやじ〟と言われている仙谷氏とのツートップになるだろうと思いますが、二人とも、本心ではないことを、平気で言えるタイプではあります。

仙谷氏は左翼《さよく》弁護士であり、基本的に、宗教心というものを理解していないと推定しています。彼は、宗教を利用はしますが、「基本的には宗教を理解していないし、信じてもいない」と考えております。

ゆえに、日本に国難を招いた「鳩山・小沢」政権には八カ月半で降りていただきましたが、これに続き、今回の「菅・仙谷」政権は、「国難パート２」を形成すると見てよいと思います。つまり、「国難パート２政権の発進」ということです。

今はまだ、少しもの珍しいので、マスコミは、やや持ち上げたりしていますが、「国難パート２」をもたらすことは間違いありません。前回の「鳩山・小沢」政権より、もっと「左」に寄る政権であると推定されます。

なぜかというと、鳩山氏、小沢氏とも、以前は自民党の保守本流にいた方ではあるからです。

また、鳩山氏は、〝宇宙人信仰《しんこう》〟を持っているので、私たちの仲間のようなところも一部あります。政治家として、肝心《かんじん》な知識がなかった点は否《いな》めませんが、「当会の考えと、まったく正反対」というところまでは行っていませんでした。

小沢氏も、「よくは分からないけれども、何となく、あの世があって、転生輪廻《てんしょうりんね》がある」という程度の、ぼんやりとした理解はあり、「地獄《じごく》へ行くのは怖《こわ》いことだ」ということぐらいは分かっているようです。

この二人に比べると、次の政権は、無神論・唯物論的《ゆいぶつろんてき》な傾向がさらに強いのです。

そのため、天上界のご加護はまったくありません。したがって、単に「この世の人間の仕事として、どこまでやれるか」ということになると思われます。

私の予想としては、「鳩山政権より、もっと短くなる。この秋ぐらいで終わりではないか」と、だいたい見ております。「もって、この秋まで。もたなければ、この夏いっぱいまで」と思います。

菅氏は粘《ねば》ろうとするでしょうし、せっかく手に入れた三百以上の衆議院議員の議席が惜《お》しくて惜しくて、必死で抱《だ》きとめるとは思いますが、菅政権は、長くはもたないでしょう。

もたない理由の一つは、やはり、外交問題です。これについては、鳩山政権と、基本的に路線が同じだからです。

鳩山氏が首相を辞任する前、普天間《ふてんま》基地問題と日米安保について、いちおう、政府方針を決めているので、菅首相は、これを踏襲《とうしゅう》しなければいけないでしょう。

しかし、菅氏の守護霊《しゅごれい》は、「三十年以内に、日本の米軍基地をすべて撤去《てっきょ》したい」と言っていました。これが、彼の本心であると思われます（『国家社会主義とは何か』〔幸福の科学出版刊〕第2章「菅直人守護霊の霊言」参照）。

普天間基地問題や日米安保については、とりあえず、曖昧《あいまい》なままにして参議院選挙を乗り切ろうとするでしょうが、基本的には、こうした考えを持っているのです。

3 「財政赤字だから増税」という考えは甘《あま》い

「増税しても経済成長できる」という嘘に騙《だま》されるな

次の問題としては、おそらく、「財政再建」のところが出てくるでしょう。

菅《かん》氏は、鳩山《はとやま》内閣で財務大臣を経験しましたが、財務官僚《かんりょう》から、財政再建について、そうとうレクチャーをされています。

そのため、「増税をしても、税金をうまく使えば、経済成長や国の発展はありうる」と言って、国民を騙《だま》そうとする可能性があるので、目を大きくして、この点をよく見ておかなければいけません。

彼らは、実は「ばら撒《ま》きたい」ということが先にあって、増税しようとしています。しかし、それは順序が逆なのです。「お金が足りないから、税金を取らなければいけないが、その税金の使い道によっては、景気をよくすることにつながるのだ」というのは、後付けの論理であるので、幸福実現党の主張とはまったく違《ちが》います。

幸福実現党では、「将来的に、経済を成長させ、産業を発展させ、雇用《こよう》を多く生み、また、税収を生むようなところに投資をするのはよいが、そうではないところに投資をするなら、無駄金《むだがね》になってしまう。その無駄金を使うために、増税をするのは反対である」ということを訴《うった》えているわけです。

菅氏は、この点を間違える可能性が高いでしょう。菅氏は、いったい何に税金を使おうとして、増税を考えているのか。このあたりを、きちんとチェックしなければならないと思います。

増税をする前に、政府にはまだやるべきことがある

徴税権《ちょうぜいけん》は、国家の特権ではありますが、その権力の行使には国民の痛みを伴《ともな》います。また、これは、「憲法に保障されている私有財産権を、一方的に取り上げることができる」という権力でもあります。

したがって、「税率を上げる」というのであるならば、増税をする側の〝お上〟は、やはり、国民が税金を納めたくなるような国家でなければいけません。

その意味では、現在のように失政が続いている状態では、とてもではありませんが、「税金を上げる」などとは言えないと思います。

国民の側に、「立派な政府である。非常に徳を感じる。国民を正しく導いていて、将来が明るく見える。政府の方針についていけば、間違いない」というような気持ちがあってはじめて、「税金を差し出しても、国の発展のために、きちん

と使ってくれるだろう」という信頼感《しんらいかん》が出てくるのです。

さんざん失政をして、さらに、今、景気が回復するかしないか微妙《びみょう》なときに、増税をかけようとしていますが、これは、長期不況《ふきょう》に突入《とつにゅう》していく態勢に入ることを意味しています。この根本的な国民心理のところを理解しないと、間違いを生むと思います。

特に、「財政赤字だから、増税が不可避《ふかひ》である」というような考えは、やはり甘《あま》いと言わざるをえません。

政府は、民間企業《きぎょう》であれば当然すべきことを、まだやっていません。もし、消費税を五パーセント上げるとか、十パーセント上げるとか言うのであれば、その前に、やるべきことを実行すべきだと思います。やはり、きちんと範《はん》を示さなければいけないのです。

政府および政府の役人たちが、失政によって、これだけの財政赤字をつくってきたことは間違いありません。要するに、いろいろなものに投資をしたお金が、正しく、産業を発展させ、会社を発展させ、雇用を生んでいれば、税収は増えたはずですから、「税収が増えないところにお金を使った」という失政は明らかにあるのです。

そういう状況で、「税率を上げる」と言うのであれば、まずは〝襟《えり》を正す〟べきであると思います。

例えば、「公務員のボーナスを何割かカットする」とか、あるいは、消費税を五パーセント上げるのなら、「五パーセント給料をカットする」とか、そういう、けじめをつけて、上が示しをつけないといけません。やはり、政府は、増税を一方的に言えるような立場にはないと思います。

無駄《むだ》を省こうとして、逆に無駄を増やしている民主党政権

民主党政権は、事業仕分け等で、無駄金《むだがね》を発掘《はっくつ》しようとしていました。デモンストレーションとしては、よかったのでしょうが、効果としては、すごく微少なものでした。見せしめ効果（公開処刑効果）は少しあったかもしれませんが、現実的な効果は非常に少なかったと思います。

また、「無駄金をなくす」ということで、民主党政権がいちばん最初にやったことは、八ツ場《やんば》ダムの中止でした。このダムは、すでに、三千億円もの税金を投下し、七割がた完成していて、地方自治体の知事たちが視察に行ったところ、「これは完成させるべきである」というのが全員の意見でした。あと何百億円か投下したら、ダム本体は完成するところだったのに、その寸前の段階で止めたということは、要するに、「すでに投下した三千億円をどぶに捨てる」ということ

です。三千億円をどぶに捨て、その他、補償金が大量に発生するような政策を行《おこな》っているのです。

しかし、いったん中止にしたとしても、いずれ工事は再開されることになるでしょう。

結局、民主党政権は、無駄を省こうとして、逆に、無駄が増えるような政治を数多くやろうとしていると思います。

ほかにも、整備新幹線や空港の建設中止などをやり始めましたが、これらも、また何年か遅《おく》れて再開することになると思うので、「日本経済のテイクオフ（離《り》陸《りく》）は、民主党政権の間、何年か遅れる」と見て、ほぼ間違いないと推定されます。

4　ばらまき政策は国家の没落《ぼつらく》を招く

「勤勉の精神」から国家の繁栄《はんえい》は生まれる

民主党政権が、いちばん分かっていないのは、「経済の原理に、倫理《りんり》が要《い》る」ということです。

これは、二宮尊徳的《にのみやそんとくてき》に言えば、「勤勉の精神」です。「やはり、一国の指導者は、国民に勤勉の意欲を起こさせる方向へと導いていかなければいけない」ということです。勤労の精神を育《はぐく》むと同時に、「国家は、どういう方向に向かおうとしているのか」という方向性を指し示す指導者が必要なのです。

単に、数字上で、「ああだ、こうだ」と議論するだけでは駄目《だめ》であり、やはり、経済政策にも精神論が必要であると思います。

これは、数字を重視する会社にも言えることです。社会への貢献《こうけん》など、「経営理念」をしっかりと打ち出さなければ、会社は発展しないものなのです。

単に、「財政赤字が膨《ふく》らみ、このままでは破綻《はたん》するから、計算上、これだけ増税をしなければいけない」という議論だけでは、人はついてきません。やはり、大きな目標がなければ、人はついてこないのです。民主党政権は、これを十分に理解していないと思うのです。

国の指導者は、国民に向かって、「『小さなものをコツコツ積み上げて大きくしていく』という積小為大《せきしょういだい》の精神のなかにこそ、国家の繁栄はある。そうした、新しい倫理に基《もと》づく経済体をつくって『大きな仕事』を成し遂《と》げよう」ということを発信しなければいけません。

もし、国民が怠《なま》け者になる方向へと導くような大きな経済体をつくってしまったら、日本の経済システムはまったく逆転してしまいます。

今の政府は、思わず知らず、「大きな政府」になろうとしているし、何でもタダになるような国、つまり、共産主義的なユートピア社会を目指しているように見えます。本人たちが自覚しているかは分かりませんが、政府のやり方を見ていると、無意識下では、そう考えているようにしか見えないのです。

社会保障や医療《いりょう》、教育などがタダになる方向へ行くのは、まことにありがたいことのように聞こえます。確かに、「自助努力だけではどうにもならず、セーフティネットがなければ救われない」という人も一部いることは事実ですし、そういう人を救うことも公的な仕事ではあるでしょう。

しかし、まだまだ元気で働ける人たち、働く意欲が旺盛《おうせい》な人たち、資本主義の精神を体現して頑張《がんば》っているような人たちを、わざわざ怠惰《たいだ》にする方向へ引っ張っていくならば、それは、「国の没落を意味する」と言わざるをえないのです。

ゆえに、社会保障や医療、教育などがタダになる方向へ行くのは、問題であると思います。

以前、自民党の麻生《あそう》氏が総理のときにも、定額給付金で、お金をばら撒《ま》いたことがあります。そのとき、麻生氏は、「自分は、給付金を受け取るような、さもしい心は持っていない」などと発言していました。自分でやっていながら、そういうことを言うのは、少し恥《は》ずかしい話ではあります。あとで、その発言を撤回《てっかい》していましたが、そういうことを言ったのは、「選挙対策である」と自ら認めたようなものでしょう。

同様に、民主党のばらまき政策も選挙対策の面がかなりあることは否《いな》めません。

税金を投入する前に「教育の生産性」を上げよ

「教育に対するお金は投資になるので、よいではないか」という考えもあると思います。もちろん、投資になる場合もあります。そのとおりです。

ただ、それは、教育に生産性がある場合、要するに、教育が付加価値を生んでいる場合のみです。教育によって、新しい優秀《ゆうしゅう》な企業人《きぎょうじん》が育ち、産業が発展し、日本の国際競争力が強まっていくならば、教育に使ったお金は、投資として認められると思います。

しかし、教育のほうに使ったお金がまったく効果を生まないのであれば、要するに、「学校が、いじめ問題や、教師への不信等で学級崩壊《ほうかい》を起こしているので、その〝補償《ほしょう》〟としてお金をばら撒く」というのであれば、これは、生産性を生むお金ではありません。

「このような教育内容で申し訳ありません。子供たちを、日中、学校に閉じ込《こ》めておくことしかできませんので、補償金として、授業料の分をお払《はら》いいたします」というような意味であれば、まったくの無駄金《むだがね》です。そして、この無駄金のために、税金を上げなければいけないのであれば、増税の効果も、まったくありません。

特に、日教組《にっきょうそ》中心型の指導のなかには、今述べたような考え方があります。しかも、そのなかには、教師が怠けていく方向の考え方もないわけではありません。

例えば、「ゆとり教育」のときもそうでしたが、それ以外にも、勤務評定を嫌《いや》がるし、成績の公表も嫌がるし、実績を上げることも嫌がる傾向《けいこう》があります。これらは、すべて、教育の生産性を測らせないようにする試みです。

生産性がある教育、要するに、国民の富の総量を増やす方向で教育がなされるのであるならば、そのためのお金は、投資として認めることができます。

しかし、そうでないならば、その投資は無駄であり、どぶにお金を捨てるようなものです。「そのために税率を上げる」などというのは、とんでもない話です。「教育改善をし、教育の質を上げてから、増税の話をしてください」と言わざるをえません。

友愛型政治の流れのなかに「地獄《じごく》への道」がある

それから、社会福祉《ふくし》政策についても問題があります。

社会保障制度を完備することによって、家族の絆《きずな》を断《た》ち切ってしまい、親の老後について、子供がまったく責任を取らなくてもよい無責任体制を、国として完成させようとしているのならば、これについても、「待ちなさい」と言わざるをえません。

公教育にお金をばら撒いて、子供がタダで勉強できるようにしたり、老後の資金を国がすべて面倒《めんどう》を見るかたちにしたりすることは、「国民の果たすべき社会的義務は、少なくて構わない」ということです。そのように、家族への責任感もなく、働かずに家でゴロゴロしていても、国から補助金をもらえるような社会をつくったら、この国の未来はありません。はっきり言って、百年後の未来は、もはやないと見てよいでしょう。

「友愛型政治の流れのなかには、一見、優《やさ》しさがあるように見えるが、実は、『地獄《じごく》への道』がある」ということを知らなければいけません。

当会では、「愛には発展段階があり、『愛する愛』の次の段階として、『生かす愛』がある」ということを説いていますが、愛のなかには、やはり、「人々を導き、生かす」という考え方があるのです。

指導者としての愛のなかには、一定の智慧《ちえ》を含《ふく》んだ価値判断や善悪の判断、あるいは、「より優《すぐ》れているものは何か」を見分けていく判断が含まれていなければなりません。「こういう方向へ人々を導いていこう」という意味での愛が、指導者には必要なのです。それを知らなければいけません。

人々が、低いほうへ、下へ下へと流れていくのを容認することをもって、「愛」

とは言わないし、地獄のほうに向かっていくことをもって、「自由」と呼んでいるわけでもないのです。

幸福実現党では、保守という言葉をよく使いますが、「自由であって保守である」ということは、「責任を伴《ともな》っている」ということです。自由を与《あた》えられたことに対しては、必ず責任が伴うのです。

人間は、個人としても、立派な社会人として生きていくことへの責任がありますが、それと同時に、家族や社会に対する責任も負っています。「そうした、一定の責任を自覚しながら、自分に与えられた自由のなかで、さらなる発展・繁栄を目指していく」というのが、保守的な発展・繁栄の思想であるわけです。

したがって、無責任の体系をつくるのは、決して、よいことではありません。

それを知らなければいけないと思います。

現在、国の仕組みのなかには、まだ無駄なものがそうとうあります。しかし、

「何が無駄であり、何が国民を駄目にしているのか」ということが十分に理解されておらず、非常に残念に思っております。

5　デフレを、どう乗り切るか

デフレ下の経済成長は「消費の拡大」以外にありえない

幸福実現党では、「経済成長なくして増税なし」と言っています。

この国が、経済成長の軌道《きどう》に乗る方向に向かい、各人の所得が増えて所得税をもっと払《はら》えるようになり、企業《きぎょう》も法人税をきちんと払えるようになれば、基本的に、税収は増えてきます。そのように、不況《ふきょう》から離陸《りりく》させなければ、税収を増やすことはできないのです。

しかも、過去、消費税を導入したときと、税率を三パーセントから五パーセントに上げたときの両方とも、そのあと税収は減っています。税収を増やそうとして増税をした結果、逆に税収が減っているのです。なぜなら、先行きの見通しが暗くなり、消費が冷え込《こ》むからです。

また、今は、「デフレ」といって、ものの値段が下がっていく流れがありますが、そういうデフレ基調のときは、お金を持っているほうが有利になります。なぜなら、ものの値段が将来的に下がっていくので、現金を使わずに我慢《がまん》して何年か待っていれば、家や車などが、もっと安く買えるようになるからです。

そのため、デフレを放置すると、経済が回転していかなくなる傾向《けいこう》があります。その意味で、「値段が安ければよい」というものではないのです。

過去、人類は、「デフレ下における経済成長」も経験していますが、それは、消費の拡大をしなければ、事実上、無理です。

「値段を安くしたら、人々が、もっと、ものを買ってくれる」という状況をつくれればよいのですが、今の日本は、必ずしもそうはなっていません。「未来への不安」が消えないかぎり、そういう状況にはならないだろうと思います。

創意工夫によって仕事の付加価値を高めよ

〝お上〟のやることを見ていると、とにかく先行きがあまりよくなるようには思えません。そこで、私は、みなさんに次のようなことを述べておきたいのです。

国から、何かよい方法が、棚《たな》ぼた式にポタッと落ちてくるのを待っていてもしかたがありません。

みなさんのなかには、サラリーマンもいれば、経営者もいるでしょうが、各自が、二宮尊徳《にのみやそんとく》や渋沢栄一《しぶさわえいいち》、上杉鷹山《うえすぎようざん》のように、アイデアを出し、創意工夫をし、いろいろなことを企画《きかく》して、自分の仕事をさらに発展させていくことが大切です。

すなわち、会社に所属している人であれば、自分の担当している仕事を、もう一段、大きな事業規模にすることを目指し、創意工夫していくことです。また、小さくともお店を経営している人であれば、より魅力的《みりょくてき》な商品やサービス、あるいは、より顧客《こきゃく》の心をつかめるような仕事を目指して、努力し、創意工夫していかなければなりません。

やはり、一工夫も二工夫も加えていかなければならないのです。「ただ安い」というだけであれば、先行き、中国製品などに敵《かな》わなくなっていきます。安いだけでは駄目《だめ》であり、もう一工夫、もう一努力をして、付加価値を高めなければいけないわけです。

先進国としては、やはり、技術の高みや智慧《ちえ》の集積を乗せていかなければ駄目です。顧客に、単なる浪費《ろうひ》ではなく、建設的な消費をしていただけるように努力していかなければなりません。

すなわち、「何かを買っていただいたならば、仕事や生活、その他いろいろな面において、相手のプラスになるものを提供しなければならない。顧客のお金を単に使わせただけで終わってはいけない」ということです。

6 医療《いりょう》・教育・役所等にも経営の発想を導入せよ

公益事業こそ、黒字体質をつくる必要がある

病院経営においても、税金がそうとう費やされていると思いますが、実際上、経営の体《たい》をなしていないところが、かなり多いように思われます。

公立系の病院では、県知事などの地方行政の長《ちょう》が人事権を持っていて、さらに経営責任まであることになっています。しかし、行政の長に、病院の経営など、

できるわけがありません。これでは、事実上、無責任体制になってしまいます。

やはり、病院の長に、経営責任を取らせるようにしなければいけません。人事権も何もないというのでは、経営のしようがないのです。

さらに、「病院単体としても、黒字化していくことはよいことだ」という考え方を入れていく必要があります。特に、公益法人や公益性の高い事業体においては、「公益性が高いところは、赤字が出て当然である」という考え方が、刷り込《こ》みとして、そうとう入っています。しかし、そんなことはありません。

やはり、公益性が高い事業体であっても、「黒字体質をつくっていくことは、善である」という考え方を持たなければいけません。公益性の高いところが「黒字体質をつくる」ということは、「そのサービスをさらに広げることができる」ということを意味するのです。

例えば、公益性の高い病院が黒字体質をつくることができたら、どうなるでしょうか。夜間に医師を置くこともできれば、休日の急患《きゅうかん》に対応するようなサービスもできるようになるでしょう。

したがって、黒字は「善」なのです。赤字であれば、こうしたことは削《けず》っていくしかありません。赤字が大きければ、いろいろなサービスを削っていき、最後には閉鎖《へいさ》するしかありません。その結果、人々は、不便になっていきます。

そのように、「公益性が高いから、赤字で構わない」のかといえば、そんなことはありません。公益性の高いところこそ、黒字体質をつくっていかなければ、人々に対して、かゆいところに手が届くようなサービスを提供することはできないのです。それを知らなければいけません。

国公立系の学校は「二宮尊徳《にのみやそんとく》の精神」を取り戻《もど》すべき

教育も同じです。「公益性が高いから、赤字で当然である」という考えは、間《ま》違《ちが》いです。公益性が高いからこそ、よい体質をつくらなければいけません。

父兄から、「こんなに良い教育を、タダでやってもらっては困ります。お金をきちんと払《はら》わせてください」と言われるぐらいの教育をしないと、基本的には駄《だ》目《め》なのです。

特に、国立系の中学校や高校を見ていると、とにかく休みが多いように思います。教師は、一年のうち半分近く〝休んで〟います。例えば、中間テストや期末テストがあると、その前に、テストの問題をつくるために休みを取っています。そして、テストが終わると、今度は、採点のために休みを取るのです。

昔、私が学生のころの公立学校の教師は、さすがに、ここまでは休んでいませんでした。授業の合間の時間か、放課後か、それとも、帰宅後、自宅でやっていたのかは知りませんが、どこかの時間で問題をつくり、採点もしていたと思います。

「教師が、テストの問題をつくったり、採点をしたりするために休む。そのため、学校も休みになる」というやり方で、働く日数を、一生懸命《いっしょうけんめい》、減らそうとしていることは、もう明らかです。

一方、私立の学校を見てみると、始業式の日に、一時間目だけで儀式的《ぎしきてき》なことを済ませ、すぐ二時間目から授業に入るようなところが、たくさんあります。

したがって、国公立系の学校にも、もう一段、二宮尊徳的《にのみやそんとくてき》な精神を入れて、教育の生産性を上げていく必要があります。やはり、「国費、税金を使っている以上、よい仕事をしなければいけない」という考え方を持つ必要があると思います。

公務員は、仕事の速度を上げ、無駄《むだ》な残業を減らせ

今、述べたように、教育や医療《いりょう》、それから老後の社会保障関連のなかにある放《ほう》漫《まん》経営的なところを、一度、見直す必要があります。

公務員が、ものすごく自らに甘《あま》いまま、何らの改革もせずに、単に増税論議だけを出そうとしていますが、やはりそれは、一度、襟《えり》を正してからにすべきです。消費税率を上げるのであれば、少なくとも、総理大臣以下、自分の受けている俸給《ほうきゅう》のカットぐらいは申し出て当然です。そうすれば、末端《まったん》までピシッと引き締《し》まります。

さらに、少なくとも、役所の残業体制は見直す必要があるでしょう。残業代を払っているところは数多くありますが、「本当に残業代が要《い》るのかどうか」が分からないようなことも、数多くあるのです。

公務員の残業代をカットするとともに、時間内に仕事が終わるように、仕事の速度を上げさせることも必要です。役所の仕事は、民間の三倍以上、時間がかかり、効率が悪すぎます。場合によっては十倍近く時間がかかるところもあるのです。

役所の仕事が遅《おそ》いために、民間が動けずにいることも、数多くあります。残業代を払ってまで、ゆっくり仕事をしてもらう必要はないので、残業代のカットぐらいから始めないといけないでしょう。

その程度の厳しさは、持っていなければいけないと思います。

7 政治家も資本主義の精神を持て

とにかく、今度の菅《かん》政権は左翼《さよく》政権となります。「国を富ませる」という面から見ると、非常に稚拙《ちせつ》な国家運営をさらに加速させると思います。

鳩山氏は、国を富ませる国家経営はできませんでしたが、少なくとも、〝天からお金が降ってくるという技術〟は持っていました。彼は、「富んでいる」という状態を味わった経験があるので、「どこかでお金儲《かねもう》けをする人がいるらしい」「自分にお金が降ってきたりすることがある」ということを、〝におい〟としては知っていたと思います。

しかし、今度は、その〝におい〟さえも知らない人たちが国家経営に乗り出しているので、今後、貧乏神《びんぼうがみ》に取り憑《つ》かれた状態が起きてくると思われます。

企業《きぎょう》で左翼型経営をやれば、みな潰《つぶ》れていきます。「企業は潰れるけれども、国家だけは、左翼型経営をやっても潰れない」というのは考えられないことです。ですから、おそらくこの政権は、大きな赤字をつくることになるでしょう。

お金を儲けるのはたいへん難しいことですが、お金を使うのは、その三倍ぐらい難しいのです。「将来、役に立つ方向で使う。自分に返ってくる方向で使う。あるいは、国家であれば、税収を生む方向で使う」というように、お金を適正に使うことは、お金を稼《かせ》ぐことの三倍ぐらい難しいのです。そして、ここに、まさしく、「資本主義の精神」が表れるのです。したがって、政治家も、このような精神を持っていなければ駄目《だめ》です。

特に、新政権である「国難パート2政権」のツートップは、頭のなかに、「利益イコール悪」という考えが刷り込《こ》まれているので、この国は、貧しくなる可能性が非常に高いです。

本章の最後に、「このままでは、外交的にダッチロールし、さらに、国が貧しくなる恐《おそ》れが非常に強い」という、危機の警告をしておきたいと思います。

第3章

景気回復の指針

2010年6月20日（宮城県・幸福の科学　仙台支部精舎にて）

1　「最大多数の最大不幸」をもたらす菅《かん》内閣

全国紙や地方紙に広告が掲載《けいさい》された「公開霊言《れいげん》シリーズ」

今日《きょう》（六月二十日）は、数多くの全国紙や地方紙に幸福の科学出版の書籍《しょせき》広告が載《の》っています。

地元（宮城県）の河北新報《かほくしんぽう》には、『景気回復法』『ドラッカー霊言による「国家と経営」』『未来創造の経済学』の広告が載りました。

また、朝日新聞には、『国家社会主義とは何か』の広告が四面に出ています。

同書は、ヒトラー、菅直人守護霊《かんなおとしゅごれい》、胡錦濤《こきんとう》守護霊、仙谷由人《せんごくよしと》守護霊の霊言を集めたものですが、その広告を朝日新聞が載せているのです。

しかも、『ドラッカー霊言による「国家と経営」』の広告も載っていて、「心ある企業家《きぎょうか》たちよ、国家社会主義と戦え」という宣伝文句になっています。これで朝日新聞に載せているのです。

民主党を応援《おうえん》しているのは朝日新聞系なのです。本体の朝日新聞は、それをやや隠《かく》していますが、「週刊朝日」や「AERA《アエラ》」で一生懸命《いっしょうけんめい》に民主党を応援しているはずです。

しかし、この広告が朝日新聞に載っているのを見れば、「朝日が落ちたか」という感じがするでしょう。民主党の人には、そう見えるはずです。

朝日系は、テレビ朝日も使って、「宗教法人に課税するぞ」と脅《おど》しをかけてきているところなのですが、この広告がよく朝日新聞に載ったものだと思います。これは、「大川隆法　公開霊言シリーズ」の広告が堂々と四面に載っているのです。これは、かつてなかったようなことです。

同様の広告が、ほぼ全部の新聞に載っているので、宗教に対して「陥落《かんらく》している」ということが言えます。宗教を信じないタイプの人たちの多くは朝日新聞を読んでいるのですが、その朝日新聞も陥落しているわけです。

朝日新聞と同様の広告は、毎日新聞や東京新聞にも載っていました。朝日新聞、毎日新聞、東京新聞は、だいたい似たような編集方針なのですが、全部、〝落ちて〟いることになります。

一方、産経新聞と読売新聞には、『宇宙人との対話』の広告が出ていました。

このように、今日は、三種類の広告が全国紙などに出ています。

産経新聞の三面には、『宇宙人との対話』の広告が堂々と載っています。当会を信用しすぎていないか、若干《じゃっかん》、私のほうが心配になるくらいですが、だいたい、「大川隆法の著書なら、何を広告しても構わない」という雰囲気《ふんいき》になっているのでしょう。

「宇宙人の声が聞こえる」「宇宙人からの通信がある」などと言っている人は、世の中にたくさんいます。そういう人は、北海道から沖縄《おきなわ》まで各地にいると思うのですが、そういう人が本を出しても、新聞に広告を載せてはもらえません。審《しん》査《さ》で落ちるからです。

新聞は、そのような本の広告を、さすがに載せません。載せると、何か共謀共《きょうぼうきょう》同正犯《どうせいはん》のように見えますし、「まさか、そんなことはないだろう」と思うからでしょう。

ところが、幸福の科学の場合は、どのような霊でも引っ張り出してしまうので、新聞社のほうは、もう、あきらめたというか、「まあ、そうだろう」と考えているようです。「ヒトラーだって、菅直人の守護霊だって、胡錦濤の守護霊だって、仙谷由人の守護霊だって、宇宙人だって、何だって出てくる。もう何でもありだから、これは、『言論の自由』そのものではないか」ということで、認めてくださっているのです。

ですから、実在するものであれば、何星人の霊言が出ても、もう大丈夫《だいじょうぶ》だろうと思います。ただ、「ウルトラマンの霊言」など、実在しないものの霊言は、さすがに出せません。

政治家の嘘に騙《だま》されてはならない

今月（六月）は私の著書が十一冊出ます。これは週刊誌より早い、最速のペースです。

参議院選挙の前なのですが、私は宗教方面からのアプローチをしています。選挙の公示期間中は、政治的内容の話に関しては、衛星中継《ちゅうけい》をかけられないことになっています。しかし、幸福実現党は、すでにある大きな政党のように、テレビに出て討論させてはもらえませんし、新聞の一面に載せてももらえません。

これでは正義と公正の精神に反するので、私は、宗教の行事を行い、選挙の直前まで衛星中継をかけて、霊的な話を撃《う》ち込《こ》むつもりでいるのです。

今回の参院選は宗教的アプローチで行きます。宗教的なものを信じる人であれば、一票を入れてくれるでしょうから、気にしないでやることにしました。

幸福実現党と幸福の科学とが「政教一致《いっち》」であることを隠す必要もありません。「政教分離《ぶんり》で」と言っても、「どうせ、一体となって活動しているのだろう」と多くの人が思っているのですから、「そうです」ということです。

したがって、どうせやるのでしたら、『国家社会主義とは何か』のように、「ヒトラーと菅直人と胡錦濤と仙谷由人とを並べる」という、このくらいのきつさが必要です。これは、かなりきついと思います。首相官邸《かんてい》で、この本の新聞広告を見たら、心臓が止まりそうになるのではないでしょうか。「全国の人が、これを読んでいるのか。あとで質問が来たら、どうしようか」と思うと、街頭演説ができなくなります。

同書のなかで、仙谷由人氏の守護霊は、「胡錦濤と並べてくれたことは、名誉《めいよ》ではある」と言っていましたが、これでは本当にどうしようもありません。

菅首相も、「ヒトラーと並べていただいて光栄だ。あんな有名な方と一緒《いっしょ》にしてもらえるなんて、私を買いかぶっているのではないか」と思い、喜んでいるかもしれません。

ここで私が言いたいことは何かというと、「今の状況《じょうきょう》は、けっこう危ないですよ。みなさん、政治家に騙《だま》されないように気をつけてください」ということです。

政治家は、嘘を言うことと騙すことが本当にうまいのです。

私は本音ベースで話をしています。また、霊言では、あの世の霊人たちの本音が出ています。幸福の科学の悪口を言っていても、「まあ、そのとおりだから」と考えて、そのまま載せてあります。

教団の幹部を批判された場合も、総裁である私から見て、「まことに、そのとおりである」と思うので、「そのまま活字にしなさい。カットは相成《あいな》らん」と言っています。幹部たちは、いやいやながら出しているのですが、それを読む信者たちはスカッとするようです。

このように、「裏と表の区別をしない」という方針でやっているので、霊言として出ているものは霊たちの本音なのです。

このままでは、やがて実際の税率は七割になる？

政治家は、言葉巧《たく》みに、ものを言います。

菅首相は「最小不幸社会をつくる」と言っているのですが、私には、「最大多数の最大不幸」をつくろうとしているように見えてしかたがないのです。彼の目指している方向がスウェーデン型の社会福祉《ふくし》国家なので、どうしても、そう見えるのです。

先日、幸福実現党の党首が、「幸福実現TV《ティーヴィー》」という番組のなかで、「これで行くと、実際の税率は、最終的には七十パーセントになります」と言っていました。

要するに、「税金と称《しょう》するものと、保険料など税金に類似したものとを併《あわ》せると、七十パーセントの税率になります」ということです。

スウェーデンと同じにするのだったら、結局、そこまで行くのです。

そうなると、例えば一千万円の年収があったら、そのうちの七百万円が税金になるのです。これが本当に最小不幸社会でしょうか。ちょっと信じられません。

これは、「一千万円の収入があったら、そのうちの七百万円が国家によって自由に使われる」ということです。「おまえたちに三百万円は残してやるから、七百万円を国家によこせ。そして、それをどう使うかは、こちらの賢《かしこ》い人たちが考えるから、国家の管理に任せておけ」ということなのです。

今、増税の名目として、社会福祉税とか目的税とか言っていますが、お金を集めてしまえば、実際には、それを何にどう使っているか、分かるはずがありません。そのお金は、その部分に充《あ》て、それ以外のお金をほかへ持っていけばよいだけのことですから、結局は、〝どんぶり勘定《かんじょう》〟なのです。

このように、「今の方向性のままだと、最終的には七割税制まで行くのだ」ということが言えるのです。

読者のみなさんは、「七割の税金」と聞くと、「ええーっ」と思うかもしれません。しかし、私は、長年、七割の税金を払《はら》ってきた人間なのです。したがって、その感じがよく分かります。それは実に重いものです。実際、「稼《かせ》いでも稼いでも、七割も〝ピンハネ〟をされる」というのは、やはり、きついものです。

税率が七割だと、著書がベストセラーになっても、印税収入の七割が国庫に入ります。

この国は、宗教家からも、しっかりと税金を取っているのです。嘘ではありません。本当です。宗教書も普通《ふつう》の本と同じ扱《あつか》いなので、税率が七割だと、印税収入の七割が税金になってしまうわけです。

例えば、千円の本であれば、著者の取り分は十パーセントなので、印税収入は百円です。仮に一万部売れたならば、著者への印税は百万円です。著者には印税として百万円が入ることになります。

ところが、税率が七割だと、百万円のうち七十万円は税金になるのです。著者に入るのは百万円の三十パーセント、三十万円です。それは、その本の売上額の三パーセントにすぎないわけです。長らくこうでしたし、税務署員百人ぐらいは養っている気分でした。

もっとも、日本では印税を払ってもらえるので、まだましなのです。中国の出版社はなかなか払ってくれません。数年前から、私の著書の中国語訳が中国の国内で出ていますが、印税を払ってくれないことが多いのです。「五万部以上売れたら、少し払う」などという話もあるくらいです。

著者に印税を払わずに本を出すと、印刷代など本の製作費以外には費用がかからないわけです。さすがは唯物論《ゆいぶつろん》の国家です。本の内容には意味を認めておらず、費用はインキ代と紙代、製本代だけと思っているらしいのです。

そういう国もあるので、印税があるだけでもましですが、とにかく、七割の税金は、けっこう、きついものなのです。

ところが、このままでは七割の税率が国民の平均となるのです。

これは、高齢《こうれい》で収入がなくなっていく人にとっては、一見、ものすごく心強いことのように見えるかもしれません。しかし、最終的に国全体が七割税制になれば、それは、「完全に国家が面倒《めんどう》を見る」というスタイルを意味します。これを、「国家社会主義だ」と私は言っているのです。やはり、自分たちが自由にできる領域を増やさないと、とても危ないのです。

確かに、「年を取ると国家が面倒を見てくれる」ということは、ありがたいことのような気もします。しかし、ほかの方法も、あることはあるのです。規制をかけなければ、企業も家族も、それなりに努力をして、手を打てます。

江戸《えど》時代であっても、「七公三民《ななこうさんみん》」で締《し》め上げられたならば、絶対に一揆《いっき》が起きています。「六公四民《しみん》」ぐらいでも許さないでしょう。「五公五民」でも、少し腹が立ってきますが、「七」も取られたら、やはり、やる気がなくなります。これは勤労意欲がなくなる社会です。

菅首相は、その社会を、「理想の社会で、最小不幸社会だ」と思っているわけです。

菅首相の言う「増税しても経済成長できる」は間違《まちが》っている

菅首相が考えていることは、「国民全体を日比谷の年越《としこ》し村に住まわせるような方向へ向かう」ということです。この国から豊かな人を減らし、なくしていこうとしているのです。

七割まで税率が上がると、税金を払う気が起きてこなくなるので、国民は収入を減らし始めます。

菅首相などは、「消費税率を上げると、その分だけ税収が増える」と思っているようですが、消費税率を上げると、国民は買い控《びか》えをするに決まっています。しっかりと消費を調整し始めるので、思ったようには税収は増えません。ものが売れなくなり、その結果、どうなるかというと、企業の売り上げが間違《まちが》いなく落ちてきます。

企業の売り上げが落ちたら、どうなるでしょうか。それはどこも同じです。まず経費を削減《さくげん》しなくてはいけないので、従業員の削減が始まります。それから、原価を落とします。そういうことを始めるのです。

企業が従業員を削減したら、失業者が増えます。失業者が増えたら、政府は、どうするのでしょうか。その失業者たちの面倒を見ようとするのです。そのため、もっと増税をしなければいけなくなります。増税をして、失業者が増える。また増税をする。この悪循環《あくじゅんかん》です。

これでは、最小不幸社会になど、なりはしないのです。この哲学《てつがく》は基本的に間違っています。したがって、騙されないようにしてください。

菅首相のウィークポイントというか、彼に対する攻撃《こうげき》ポイントの一つは、要するに、「増税をしても、政府が税金の使い方を間違えなければ、経済成長できる」と言っているところです。彼は、その根拠《こんきょ》を、禅問答《ぜんもんどう》風に、はぐらかしていますが、いちばんの〝ミソ〟は、ここなのです。

これは財務官僚《かんりょう》が言っていることです。とにかく、税収を増やすために、そう言っているのです。

そして、自民党が十パーセントの消費税を参院選の公約に掲げると、それに便乗するように、菅首相も「十パーセントの消費税」と言い始めました。これだと自民党と民主党の主張に差がなくなるので、民主党に対して攻撃のしようがないからです。

両方とも十パーセントでは、どちらを選んでも同じなので、これで一緒になったならば、戦前の大政翼賛会《たいせいよくさんかい》のようなものです。二大政党が両方とも十パーセントの消費税率を主張したら、どうしたって十パーセントになります。これは恐《おそ》ろしいことです。

菅内閣によって「国家社会主義の危機」が近づいた

このままでは、日本は全体主義になります。それが近づいています。

全体主義、国家社会主義は、はっきり言えば、戦争中の体制です。国が全部を決める社会、国が配給を決めるような社会です。経済すべてを国のコントロール下に置く社会です。「そちらのほうに向かっています」と私は言っているのです。「言論の自由」や「結社の自由」など、多様な意見を受け入れる自由がなくなろうとしているのです。

今の小選挙区制のままでは、制度的に第三極以下は消えていくようになっていきます。二大政党に有利で、小党は非常に苦しいのです。

中選挙区制であれば、一つの選挙区から複数の当選者が出るので、第三党や第四党から候補者が出ても、当選する人がいるのですが、小選挙区だと、一名以外は全員が落ちてしまいます。その場合、当選者は、たいてい二大政党のどちらかになります。そして、片方の政党が全国で圧勝した場合には、本当に一党支配になってしまう可能性もあるのです。

小選挙区制は、そういう選挙制度です。その意味では、非常に怖《こわ》い制度でもあるのです。

私は、『国家社会主義とは何か』という本を、警告として出しているのですが、このままでは、本当に危ないことになります。七十パーセントの税金を取れる国は、すごく強い国家ですが、国民は奴隷《どれい》状態にかなり近づいていきます。そして、国の方針どおりに言わされるのであれば、言論の自由などなくなってしまいます。

私の考えは、それとは逆です。「やはり、自由の領域を増やさなくては駄目《だめ》なのだ」と私は言っているのです。

ただ、自由とは言っても、「人間には、完全な自由があるのだから、好きなようにやってよい」というわけではありません。経済学者のハイエクが言うように、「いちおう、最低限の法律さえ守っていれば、あとは何をしても自由である」と私は考えています。

したがって、法律は、あらかじめ、きちんと明示しておかなくてはならないのです。

ただ、法律は、毎年、国会で続々とつくられていくため、増える一方であり、その分、自由の領域が減っていくので、私は、「無駄な法律は削《けず》ってよいし、有害な法律は廃止《はいし》していかなくてはならない。自由の領域を侵《おか》されないように、できるだけ自由の範囲《はんい》を広く取らなくてはいけない」と言っています。

例えば、憲法では「信教の自由」が保障されていますが、現実は、どうでしょうか。宗教が政党をつくっても、マスコミは、その宗教政党について、できるだけ報道を控えるように努力しています。どう見ても、そのような努力をしています。政党助成金の要件を利用して、そういうことをしているのです。

日本創新党《にっぽんそうしんとう》という、元杉並《すぎなみ》区長らが新たにつくった政党も、政党要件を満たしていません。国会議員が五人以上いるか、あるいは、国会議員が一人以上いて、かつ、直近の国政選挙の得票率で二パーセント以上を獲得《かくとく》することが、政党助成法の定める政党の要件ですが、日本創新党もそれを満たしていないのです。

その政党が新聞等で他党と同様に扱われたら、幸福実現党はマスコミにクレームを入れることにしているのですが、やはり、新聞等は、そこをよく取り上げて載せています。そういったかたちで差をつけているので、政党要件は言い訳にしかすぎないことが明らかです。

やはり、「自由のための戦い」を続けないと危ないのです。そうでないと、いつ自由が奪《うば》われるか分かりません。

『国家社会主義とは何か』では、わざわざヒトラーの霊言を収録しましたが、ヒトラーの政党は、「国家社会主義ドイツ労働者党」という名称であり、「労働者のための政党」ということを名乗っていました。

ヒトラーは、「われわれは労働者のための政党だ」と言い、民主的に政権を取りました。「国家が面倒を見て、労働者の生活をよくする」と言って、票を取ったのです。一方、彼はユダヤ人攻撃を行いました。これは、「敵をつくり、それを排撃《はいげき》して、内部を引き締める」というスタイルです。

例えば、今であれば、「社会保障を行う」と称しながら、一方で、宗教などを排撃すれば、一見、似たようなスタイルが出来上がります。

したがって、「本当に怖い」という気がします。

副総理だった菅直人氏には沖縄《おきなわ》の米軍基地問題に責任がある

特に、マスコミによる「国民世論《せろん》」というものについて、信用できないと思うことがあります。

去年、政権交代で誕生した鳩山《はとやま》政権には、スタート時点で七十数パーセントの支持率がありました。

私は、それだけの支持率のある政権に対して、ドン・キホーテ風に最初から激しく批判していましたが、その鳩山政権は、あっという間に、半年で五十ポイント以上も支持率が下がり、とうとう十パーセント台まで落ちました。

ところが、その段階で、首相を菅直人氏に替《か》えたら、六十数パーセントまで支持率が上がったわけです。

これを見て、「もう駄目だな」というか、「国民は分かっていないな」ということを私は強く感じました。

菅氏は鳩山内閣の副総理でした。また、内閣の発足時には国家戦略担当大臣を務めていました。したがって、菅氏には鳩山内閣が抱《かか》えていた問題に関して責任があります。例えば、沖縄《おきなわ》の米軍基地問題は「国家戦略」以外の何ものでもないはずです。この点に関しては菅氏にも責任があるのです。

また、鳩山氏は、民主党の代表として、去年の衆院選で、「消費税率は、四年間、上げません」と公約しました。それで民主党は選挙に勝ったはずです。ところが、まだ一年もたっていないのに、菅首相は、もう消費税率の引き上げに言及《げんきゅう》しました。

鳩山氏は、「〝表紙〟が替われば消費税率を上げます」などと言ってはいませんでした。しかし、表紙が替わった途端《とたん》に、「上げる」と言うのですから、信義に悖《もと》るのではないでしょうか。これは、ひどいと思います。

「自民党が十パーセントと言っているから、民主党も十パーセントと言っておけば、選挙に負ける要素はない」ということでしょう。二大政党なので、どちらかが勝つわけですが、この点においてはドロー（引き分け）であり、どちらに入れても同じです。そのため、負ける要素がないので、菅首相も「消費税率を上げる」と言ったのでしょう。しかし、これでは、やはり信用できません。

鳩山前首相は、普天間《ふてんま》基地問題の解決の期限を、「今年の五月まで」と区切ったために、辞任に追い込まれたかもしれないので、菅首相は、「いつ消費税率を上げるか」ということをごまかしていますが、ずる賢い感じがします。

菅直人氏を霊視《れいし》すると、悪魔《あくま》の尻尾《しっぽ》が見える

はっきり言いますが、私が菅直人氏を霊視《れいし》すると、かなり以前から尻尾《しっぽ》が見えるのです。そこで、「尻尾が見える」とよく言っているのですが、これは先端に三角形のものがついている尻尾であり、悪魔《あくま》の尻尾です。また、彼の頭には、角《つの》のようなものが以前から見えているので、彼には悪魔が憑《つ》いていると思うのです。

その菅氏が首相になったので、「とうとう、この国は悪魔に乗っ取られたか」

という思いがあります。しかも、悪魔に乗っ取られた国の政権を、六十パーセント以上の国民が支持するのであれば、この国は駄目です。この国の国民は「不幸になりたい症候群《しょうこうぐん》」にかかっていると言えます。

悪魔は巧妙《こうみょう》に論理をすり替えてくるのですが、菅首相も、「最小不幸社会をつくる」というような論理で国民を騙そうとしています。

要するに、そういう社会では、幸福な人がいなくてもよいのでしょう。最小不幸社会をつくるのであれば、幸福な人がいなくなっても構わないのでしょう。

「幸福な人がいなくなった」と言われても、「不幸な人は最小になった」と言い返し、「あとは、幸福でも不幸でもない人だ」と言えばいいわけです。「もっと不幸な人がいて、そういう人から見たら、幸福でも不幸でもないあたりの人が大勢いる」と言って、国民の生活レベルを下げていくつもりなのだと思います。

2　「積極財政」を推し進めた高橋是清《たかはしこれきよ》

均衡財政《きんこうざいせい》を行うと必ず不況《ふきょう》になる

『景気回復法』にも書いてありますが、今の政府がやろうとしていることは、基本的には、「増税によって均衡財政《きんこうざいせい》を目指す」ということです。

しかし、「均衡財政を目指しながら、景気をよくする」ということは、明治以降、何度も試みられてはいますが、一度も成功していないのです。

明治以降の歴史を見ると、財政赤字は何度も繰《く》り返し起きています。そして、均衡財政を行うと、必ず不況《ふきょう》になっています。つまり、「均衡財政を行い、税が増収になる」ということは絶対に起きていないのです。

『景気回復法』の第1章は「高橋是清《たかはしこれきよ》の霊言《れいげん》」です。

この人は、明治の元勲《げんくん》たちが集まっている場で、「ほかに、できる人がいないので、おまえ、ひとつ、やってくれないか」と、日露《にちろ》戦争の戦費の調達を依頼《いらい》されました。

当時、日露戦争の戦費が日本にはなかったのです。お金がなければ戦争はできないのに、日本は戦争をしようとしていたわけです。

そこで、彼は、「おまえ、何とかしてくれ」と泣きつかれ、何度も断るのですが、あまりにも頑張《がんば》られたために、とうとう最後には引き受けたのです。

そして、外国を走り回り、公債《こうさい》でお金を集めてきました。それで日本はロシアと戦ったのですが、そのお金もなくなって潰《つぶ》れる寸前のとき、神風的《かみかぜてき》に日本は勝ったのです。

そのような苦労を、この人はしています。

高橋是清が、「分かった」と言って戦費調達を引き受け、「戦費は何とか自分が集める。外国に行ってでも集める」と言った段階で、周囲の男たちは、みな、抱《だ》き合って泣いたそうです。

今とは違って、昔の男は、すぐ感激して、よく泣いたらしいのです。彼の伝記を読むと、そう書いてあります。

明治の大立者《おおだてもの》たちが、みなで抱き合い、「引き受ける人が出てきて、よかった、よかった」と言って泣くぐらい、戦費の調達は難しいことだったのです。

ケインズ経済学を先取りしていた高橋是清

高橋是清は、積極財政の立場で、ケインズ経済学を先取りしたような人です。

基本的に、財政においては、「収入と支出を均衡させていく」というのが原始的な方法です。だいたい、どの国も、この方法を採っていました。

ところが、ケインズ経済学は、「財政が赤字でも、大きな公共事業や投資を起こし、景気をよくして失業者を減らすことで、国を繁栄《はんえい》させ、国全体の経済規模を上げていける」という考え方です。例えば、不況のときには、財政出動をして経済の規模を大きくし、それによって不況を乗り切るのです。

要するに、失業対策と不況対策を行うのがケインズ経済学ですが、このケインズ経済学に先立って、それと同様のことを行ったのが、高橋是清という人なのです。この人は東北選出の代議士でもありました。

彼の考え方の基本は、積極財政だったのですが、第二次世界大戦が近づき、軍部が軍事費の増大を要求してきたときには、さすがに軍事費が多くなりすぎていたため、それを少し引き締《し》めに入ったところ、暗殺されてしまいました。

ちなみに、高橋是清が育てた人に、同じく日銀総裁をした井上準之助《いのうえじゅんのすけ》という人がいます。この人は、どちらかというと、均衡財政を延々と主張した「ケチケチ路線型」の人なのですが、この人も暗殺されています。

いずれにしろ、均衡財政を行うと、基本的に、お金はそれほど使えなくなるので、不況が起きるのです。

今、政府は「増税」と「経済成長」を同時に行おうとしているのですが、これは、「不況」と「好況」を同時に起こそうとする政策なので、成功しません。

均衡財政のほうをとるのであれば、不況を我慢《がまん》しなければいけませんし、好景気を望むのであれば、財政赤字のほうは我慢しなければいけないのです。

その両方の実現を目指し、財政の状態をよくしながら好景気を生み出すとしたら、少し時間はかかりますが、将来成長性のあるところに投資をしていき、個人も会社も収入が増えることによって、「増税」ではなく「税収増」を目指さなくてはなりません。

「好景気による税収の自然増を目指す」というのは、今、幸福実現党が主張している考え方です。「今は少し苦しいけれども、耐《た》えよ。まだ潰れないから大丈夫《だいじょうぶ》だ」と言っているのは、こういうことなのです。

そのものずばりの解決策というのは、なかなかないのですが、いずれにせよ、「未来をどう読むか」ということが大切です。

国会で〝経済学の基礎《きそ》〟の質問に答えられなかった菅直人《かんなおと》氏

菅《かん》首相の弱点は、財務大臣当時の国会答弁にも表れているのですが、経済です。国会で、子ども手当の「乗数効果」について質問され、答えられませんでした。

乗数効果は、近代経済学を勉強した人であれば、誰《だれ》もが知っていることです。

例えば、一兆円なら一兆円という国家予算があるとします。乗数効果とは、「この一兆円を何に使うかによって、経済効果は違ってくる」という考え方なのです。

一兆円を単に国民にばら撒《ま》くだけであれば、これには一兆円分の経済効果しかありません。しかし、この一兆円は、使い方によっては、一兆円以上の効果を生みます。この一兆円が、もっと大きなものを生み出していけるような方面で使われていくと、一・二兆円、一・五兆円、二兆円、三兆円というかたちで回転していき、大きくなっていくこともあるわけです。

このように、「投資したお金が、どれだけの経済的波及《はきゅう》効果を生むか」ということを示す数字のことを、乗数効果というのです。

菅氏は、これを答えられなかったので、「知らない」ということです。「一兆円は一兆円だ」と思っていたのです。

そのため、今、「福祉《ふくし》目的税として集めたお金を、社会福祉に使っても、経済成長できる」というようなことを、平気で、ぬけぬけと言っているわけです。

しかし、これは、「支出をして、それで終わり」です。出しっぱなしなのです。

例えば、教育に支出することは、普通《ふつう》は投資のように見えます。しかし、実際には、教育手当を支給しても、それは単に家計の収入になるだけであり、「ああ、お金が増えた。苦しかったが、これで助かった」と思って、使わずにそのまま持っていたら、乗数効果は、ただの「一」で、まったく変わらないのです。

入ったお金を必ず何かに使うということであれば、経済的な波及効果を生みます。例えば、教育手当をバウチャー（利用券）などのかたちでもらい、必ず塾《じゅく》や予備校で使うとか、英会話学校などで使うとか、そのような方式にした場合には、支給したお金が別のところで使われ、そこの収入にもなっていくのです。

そして、そこが、そのお金をまた使っていけば、さらに波及効果が起きてくるので、「一」以上の効果が出てきます。それが「一・五」となるか、「二」となるかは、それぞれですが、これが乗数効果なのです。

乗数効果というものは、近代経済学の基礎であり、ケインズ経済学を理解するためには、絶対に要《い》る概念《がいねん》なのですが、菅氏は、これを理解しておらず、頭のなかに入っていなかったのです。その言葉を聞いても、まったく意味不明で、分からなかったわけです。

鳩山《はとやま》前首相も、これが分かっていないから、駄目《だめ》だったのです。

乗数効果の高い成長産業に投資せよ

幸福実現党は、「成長産業のほうに投資しなくてはいけない」と主張していますが、これは乗数効果のところを言っているのです。

お金が回転すれば、実際に収入が増えてきます。経済的には、そうなのです。会社を経営している人であれば、これを知っているはずです。

例えば、普通の取り引きだと、手形のサイト（振出日《ふりだしび》から支払日《しはらいび》までの期間）は九十日です。手形を振り出して、ものを仕入れた場合、三カ月の期間でそれを加工して売り、現金収入を得て、仕入先に利子を付けて代金を払うわけです。

三カ月で、それが完結する場合、一年間に四回転が可能になります。そうすると、売り上げは四倍になります。

例えば、銀行から一億円を借り、その資金を元手にして一億円分のものを仕入れ、それを加工して売れば、実際には一億円以上の売り上げになるでしょう。

ただ、ここでは、便宜上《べんぎじょう》、売り上げも一億円とします。一億円で売ったとしても、三カ月で資金がうまく回ったら、もう一回、一億円が入ってくるので、年に四回、資金が回転するのです。

そうすると、一億円の借入金《かりいれきん》を使って、四億円の売り上げが立つわけであり、四億円の売り上げを立てるのに、四億円のお金を借りる必要はないのです。

これは三カ月で資金が回っている場合です。

ところが、完成までに一年かかる仕事の場合で、代金を一年後に支払うようなかたちであれば、一年間、その一億円が動かなくなるので、一億円は一億円のまま止まっているわけです。

また、親会社に支払った場合、そのお金が子会社のほうに流れていき、さらに波及効果が出てくることもあります。

そのように、経済においては、単に、「一万円は一万円、百万円は百万円、一億円は一億円で、同じだ」というわけではなく、使い方によって本当に効果が変わるのです。

菅首相は、この点を理解していないので、「お金を集め、それを福祉目的で使う」と言っていますが、基本的に経済が分かっていないため、私は、「日本経済が駄目になる」と申し上げているのです。

私は、以前、「鳩山・小沢十年不況」と述べたことがありますが、下手をすると、「菅十年不況」を起こす可能性が極《きわ》めて高いと思います。この人が十年も首相を務めることはないとは思いますが、十年ぐらい足腰《あしこし》が立たなくなるほどの厳しい打撃《だげき》が来る可能性が高いわけです。

菅首相は、「北朝鮮《きたちょうせん》は理想の国」と見ていた市川房枝《いちかわふさえ》の直弟子《じきでし》

さらに、菅首相は、おそらく外交や軍事のところも、全然、駄目だと思います。これに関しては、鳩山前首相以上に〝すごい〟でしょう。彼の考え方は徹底的《てっていてき》な左翼《さよく》なので、基本的には、中国政府がとるような政策を考えると思われます。

とりあえず、参院選を乗り切るために、日米同盟の維持《いじ》を言ってはいましたが、本心は絶対に違うと思います。それについて、私は、緊急《きんきゅう》霊言として、彼が尊敬している市川房枝《いちかわふさえ》と高杉晋作《たかすぎしんさく》の霊言を録《と》って(『菅直人の原点を探る』〔幸福の科学出版刊〕)、きちんと裏も取ってあります。

市川房枝女史の霊は、「北朝鮮《きたちょうせん》は、理想の国、夢の国だ」と言っていました。

菅首相は、この人の直弟子《じきでし》なのです。これでは、もう、どうしようもありません。

外交も軍事も全然分かっていないので、ひどいことになると思います。

3 「人心収攬術《じゅうらんじゅつ》」が上手だった田中角栄

政治家としての能力が高かった田中角栄

『景気回復法』の第2章は「田中角栄の霊言《れいげん》」です。

田中角栄という人は、彼の秘書が書いたものを読むと、どうやら一種の超能力《ちょうのうりょく》者《しゃ》だったようです。神通力的《じんつうりきてき》なものを持っていたというか、人の心を読んだり、未来を察知したりするような能力においては、すごいものがあったらしいのです。

また、超人的、天才的な記憶力《きおくりょく》を持っていたようで、何万人もの人の名前や、その家族関係まで覚えていたそうです。これも、すごいことです。

ただ、彼は努力家でもあったようです。毎日、四時間ぐらいしか寝《ね》ず、夜中に起きては勉強していた人でした。高等小学校卒でありながら、そのあとも勉強し続けて、東大出身の官僚《かんりょう》たちを使いこなしたのです。人心収攬術《しゅうらんじゅつ》に長《た》けていて、人の心がよく分かる人であったと思います。

ロッキード事件で逮捕《たいほ》・起訴《きそ》され、マスコミ等から、そうとう叩《たた》かれても、刑事被告人《けいじひこくにん》として、いわゆる獄中《ごくちゅう》から衆院選に立候補し、当選していました。

「冬になると雪で何もできなくなる新潟《にいがた》に、山をくり貫《ぬ》いてトンネルをつくってくれた」という恩義を、新潟の人々が忘れていなかったわけです。「冬でも、物資が行き来して、経済活動ができるようになった」ということは、新潟県民にとって、何ものにも代えがたいことだったのです。

あれだけの政治家でなければ、そういうことはできなかったでしょう。弱い政治家では、できなかったことだと思います。

この田中角栄の政敵になった三木武夫《みきたけお》という人は、徳島県出身で、田中角栄の次の代の総理大臣になり、検察を一生懸命《いっしょうけんめい》にけしかけて、彼を苦しめました。

ただ、その三木武夫が首相を務めていたときには、「橋の一本も架《か》けられない」と、地元の徳島県人から批判されていたのです。

現在、本州四国連絡橋《れんらくきょう》は三ルートで架かっていますが、三木首相のときには、予算の関係で建設があまり進んでいなかったため、「首相になったのだろう。予算がないなどと言わずに、徳島県へのルートだけでも先に架けてほしい」というのが徳島県民の意見でした。

しかし、「徳島県と香川県《かがわけん》と愛媛県《えひめけん》の全部のルートで同時に架けなくてはいけない。しかし、その予算がない」という理由で、三木首相は、地元のために、ほとんど何もしなかったのです。そのため、「首相になっても、何の力もない」ということで、地元からは、すごい批判が出ていました。

田中角栄に比べれば、力の差は歴然としています。

最近、新潮社《しんちょうしゃ》の「週刊新潮」や月刊の「新潮45」に田中角栄待望論のようなものが出ていましたが、私の『民主党亡国論』（幸福の科学出版刊）などの影響《えいきょう》を、そうとう受けていると思います。

急に田中角栄の特集をし始めたので、どうやらマスコミが後追いをしているようです。「今、田中角栄がいたら、どうするか」ということを言い始めているのは、基本的に、私の著書が、かなり情報源になっているためであると思われます。

確かに、「今、彼のような判断や決断のできる政治家がいれば、この国を、どのように舵取りをしていくか」というのは、大いに気になるところです。ぜひとも、そういう人が欲しいものです。

「沖縄《おきなわ》は独立すればよい」と言った菅直人《かんなおと》氏

鳩山《はとやま》前首相の「決断できない姿」を見てきているので、〝不決断〟も怖《こわ》いのですが、菅《かん》首相の場合は、〝逆決断〟というか、逆の方向に決断する可能性もあります。

この人は、去年、恐《おそ》ろしいことを言っています。沖縄《おきなわ》について、「日本から独立したらいいのに」というようなことを言ったのです。彼は沖縄を日本と思っていないのでしょうか。国家戦略担当大臣でありながら、「沖縄は琉球《りゅうきゅう》でしょう？　琉球は、日本に属したり、中国に属したりしていたので、独立したらいいじゃないか」などと無責任なことを言ったわけです。

これは、すごい発言です。本当にどうしようもありません。この人は、はっきり言って、偉《えら》くなりすぎました。

彼の本心は、そのようなところにあるので、全然、物事の本質が分かっていませんし、米軍が、沖縄にあることの意味も、当然、分かっていないのです。日米安保が揺《ゆ》れているため、韓国《かんこく》の大統領は、鳩山前首相が「韓国を訪問したい」と言っても、それを何カ月も断り続けていたわけですが、鳩山前首相は、その意味をまったく分かっていませんでした。彼は、外交も軍事も本当にオンチだったと思います。

しかし、菅首相も、おそらく、そういうことが全然分からない人だと思います。市民運動家というものは、〝草の根〟で、いろいろと人のお助けをするような運動をしている分にはよいのです。それは、ある意味で、宗教によく似たものであり、擬似《ぎじ》宗教的な動きかと思います。

ただ、小さいうちならよいのですが、それが大きくなり、国家レベルになったならば、やはり、統治の論理、マネジメントの論理がないと無理です。そういう組み立てができない人は、国家のリーダーになってはいけません。

残念ですが、「この国は、今、リーダーの不足による危機的状況《じょうきょう》にある」と言わざるをえないのです。

4 「行政改革」を断行した土光敏夫《どこうとしお》

「清貧の思想」を持ち、質素に生きていた土光敏夫

『景気回復法』の第3章は「土光敏夫《どこうとしお》の霊言《れいげん》」です。

土光敏夫は、いわゆる「土光臨調」（第二次臨時行政調査会）や臨時行政改革推進審議会《しんぎかい》の会長を務め、「行政改革によって、国の無駄《むだ》な経費を削《けず》る」ということを、そうとうやりました。主に中曽根《なかそね》内閣のときに活躍《かつやく》された人で、「メザ

シの土光さん」として有名です。

彼が夕食でメザシを食べているところを、「NHK特集」という番組が放映したのですが、私もそれを見た覚えがあります。わざわざ、彼がメザシを食べている様子を見せたところ、その影響力《えいきょうりょく》は甚大《じんだい》でした。

国民には単純なところがあるので、彼がメザシを食べているのを見て、「ほおー。あんな偉《えら》い人がメザシを食べている。うちは、もっといい魚を食べているのに」とか、「いやいや、わが家では肉を食べている」とか思うと、少し引き締《し》まるところがありましたし、「こういう人が行財政改革をやってくれるのなら、間《ま》違《ちが》いないだろう」というような信頼感《しんらいかん》も生じたのです。

彼は一種のカリスマではありました。経団連会長も務めた人です。

ちなみに、この人は、霊言のなかで、私に「メダカを食え」と言っています。

ただ、「メダカは、焼くと真っ黒になって、なくなるのではないか」と思いますし、かわいそうな感じもしないではありません。

そういう、やや「清貧の思想」の強い人ではあるので、行革において一定の役割を果たしたとは思うものの、彼の考え方が、景気をよくする方向で役に立つかどうか、微妙《びみょう》なところはあるかと思います。

この土光さんは、戦後、石川島播磨《はりま》重工業（現ＩＨＩ）の社長をしていたことがあります。当時、その会社には、いろいろと〝政敵〟もいたのでしょうから、週刊誌などに、「不正なお金をもらっている」「会社のお金を不正に使っている」などという垂れ込《こ》みがあり、検察が調べたことがあります。

土光さんは社長ですから、検事たちは、「出勤の際には、当然、運転手付きの車が家まで迎《むか》えに来るのだろう」と考えていたのに、自宅を訪ねたら、奥《おく》さんに「バス停に行きました」と言われ、実際にバス停に行ってみると、雨のなかで彼が傘《かさ》をさしてポツンと立っているのを見て、「ああ、この人は、どうも不正とは関係がなさそうだな」と思ったそうです。

「どこかにお金を隠《かく》し持っているのではないか」などと思っていたのに、バス停に立っている姿を見て、「これは駄目だ。われわれと変わらない」と思い、「この人は無実だろう」と感じたらしいのです。

彼の母親がつくった、橘学苑《たちばながくえん》という女学校があり、そこは赤字が続いていたので、彼は、収入のほとんどを、その学園の経営につぎ込んでいたようです。そのため、個人的には質素な生活をしていました。そういう人です。

ただ、彼は厳しい人でもあり、怒鳴《どな》り散らすので、「怒号《どごう》さん」とも言われていました。

土光敏夫の霊《れい》の「事業仕分けと増税はセット」の予言は的中した

『景気回復法』では、高橋是清《たかはしこれきよ》、田中角栄、土光敏夫、この三人の霊人《れいじん》の意見を、いろいろと聴《き》いてみたのですが、基本的に、今の政府の方針には、あまり賛成ではないと言えます。

特に、土光さんは、霊言のなかで、「民主党に、よい点があるとしたら、事業仕分けのところだけだろう。『無駄金を排《はい》する』ということは、よかったかもしれない。ただ、あれをやるのだったら、会計検査院は要《い》らないよ。『数千億円程度の無駄遣《づか》いを発見する』ということぐらいであれば、これは会計検査院でできる範囲《はんい》の仕事だ。会計検査院に、『年間、◯兆円ぐらいの無駄金を発見せよ』と指示を出せば、それで仕事としては終わっている」と言っていました。

したがって、政治家が出ていって事業仕分けをし、無駄なものを削るのであれば、役所そのものを廃止《はいし》するぐらいでなければ意味がないのです。

民主党は、当初、「事業仕分けで数兆円から十兆円ぐらいは無駄金が出てくる」と思っていたのでしょうが、結局、数千億円程度しか出ませんでした。

しかも、事業仕分けを行うに当たって、「『これとこれが無駄金だ』と認定してください」と政治家にレクチャーしているのは、財務省の官僚《かんりょう》であり、私の東大の同窓生たちなのです。政治家は、彼らにレクチャーされたとおりにやっているだけであって、実は、見せ物にすぎないわけです。

また、この「土光敏夫の霊言」は今年の四月二十三日の収録ですが、このときに、「事業仕分けと増税とは、おそらく一体だ」と土光さんの霊は言っていたのですが、実際、そのとおりでした。

彼は、「今の事業仕分けで無駄金を削るという見せ物と、次の増税とは、おそらくセットだろうとわしは思うんだよ。『もう、削れるだけ削りました。これ以上は削れません』というところを見せて、増税をかけるつもりなんだろう」と言っていたのですが、この予言は的中しました。人の心をよく読んでいます。

彼は、四月の時点で、これを見抜《みぬ》いていたのですが、実際、六月になると、菅《かん》首相が消費税率の引き上げに言及《げんきゅう》するなど、そのとおりであることが見えてきました。

去年、民主党が、「四年間は消費税率を据《す》え置く」と言っていたのに、それはまったくの嘘《うそ》であって、一年もたたないうちに増税にかかってきたわけです。国民も、なめられたものです。「増税のシナリオは、裏では、もうできている」ということです。

「財政を均衡《きんこう》させながら、経済発展ができる」という魔法《まほう》があるのならば、それをやってくださって結構ですが、民主党が出しているマニフェストを見れば、「経済オンチが政策を立てている」ということが、よく分かります。

したがって、ひどい結果に終わり、一年以内に菅首相はボロボロになると思います。

彼は、「増税をしても、国家予算の使い方によっては経済成長できる」と言っていますが、それはまったくの嘘だということが、もうすぐ分かります。「それは嘘だ」ということが、私にはやる前から分かるのですが、大新聞やテレビ局には分からないようです。つまり、未来産業としては、宗教のほうがやや進んでいるわけです。

菅首相は、おそらく失敗するでしょう。彼は、前述したように、乗数効果を理解していなかった人であり、お金の使い方が分かっていないので、国の経済を運営するのは無理だと思います。

5　幸福の科学や幸福実現党の課題とは

菅《かん》首相就任によって始まった「国難パート2《ツー》」と戦え

これまで述べてきたように、現政権には厳しいものがあります。

ただ、幸福実現党も、現状では厳しいのです。国民の認知度は上がってきており、現在、七十パーセント台ぐらいはあるのですが、支持者の数は、それほど伸《の》びていません。

結局、「国民は、政権担当能力があるかどうかで、支持政党を選んでいるらしい」ということがよく分かります。

以前、世論調査で首相候補ナンバーワンだった舛添要一《ますぞえよういち》氏は、新党をつくりましたが、その党の支持率は一パーセント前後であり、ゼロのときもあります。結局、「政権担当能力がない」と見られ、支持されていないのです。

幸福実現党は、実践《じっせん》を積み重ね、適切な発信をして、実際の政治を動かすだけの信頼度《しんらいど》があるところを、お見せしていかなければならないと思います。

私は菅《かん》内閣の発足を「国難パート2《ツー》」と判断したのですが、それが当たるか当たらないか、よく見ていただければ結構かと思います。

私は、生きている人の守護霊《しゅごれい》を呼んで、その本心を探ったりしていますが、「他の人の頭の中身までのぞくのは、悪趣味《あくしゅみ》かな」と思うこともあります。ただ、頭の中身をのぞくことは犯罪ではありません。

また、「この人の頭だったら、このように考えて、こういうことをして、結果的に、こうなるだろうな」ということが私には読めてしまうのです。

かわいそうではありますが、はっきり言って、菅首相は凡人《ぼんじん》です。「長く政治家を務めてきた」というだけの人です。

現実世界においては、この世しか信じていない人の山なので、われわれが一生《いっしょう》懸命《けんめい》に言っても、話半分にしか聞いていない人が多いとは思います。

しかし、われわれは、今、先見力の勝負をしているのです。しかも、不幸の予言者だけで終わるのではなく、何とかして、現実に、国民を苦しめないような結果に持っていきたいと考えています。

これからも、まだまだ戦いは続いていきます。

一つひとつ実績を積み重ねていくような戦い方をしていけば、幸福実現党がきちんと認められ、社会的勢力を持つようになるのは、時間の問題だと思います。

民主党を応援《おうえん》していた新宗連《しんしゅうれん》（新日本宗教団体連合会）の人たちも、「現政権下で宗教法人課税もありうる」と聞けば、動揺《どうよう》すると思います。それについては考えてもいなかったでしょうし、もしかしたら、まだ、そのような動きがあることすら知らないかもしれません。宗教界は、普通《ふつう》、その程度であり、政治情勢に疎《うと》いのですが、現政権は、そういうことをやりかねないのです。

とにかく、民主党には、「何か〝悪いこと〟をしている者をつまみ出さないと、自分たちの正当性を示せない」という、悲しいところがあります。

悪魔《あくま》がトップに立つ国をつくってはならない

われわれは戦うしかないのです。

今回、私は、非常に珍《めずら》しい戦い方をしました。私の理論書や霊言集の発刊は〝空爆《くうばく》〟です。今、ものすごい空爆をしています。かつて誰《だれ》も見たことのない戦い方をしているのです。

あとは、「地上戦において、〝竹やり部隊〟がどこまで活躍《かつやく》できるか」ということです。

去年からの一年間、私の理論書や霊言集を通して、日本の国にとっての「考え方の指針」が数多く出されています。そのなかには、この国の今後のあり方を発見する鍵《かぎ》が数多く隠《かく》されていると私は信じています。

われわれが行《おこな》っている仕事が、評価され、見直される時期は、そう遠くないでしょう。いずれ、国民は、きちんと認めてくださるものだと思います。

少なくとも、幸福の科学の信者や幸福実現党の支持者のみなさんが頑張《がんば》られたことによって、「国難パート１《ワン》」は、とりあえず終わったのです。これは乗り切りました。怖《こわ》い怖い「鳩山《はとやま》・小沢」政権を何とか終わらせました。

ただ、菅政権の発足によって、「国難パート２《ツー》」が始まったので、また戦うしかありません。菅政権には、悪魔《あくま》の影《かげ》がさらによく見えるので、宗教的にも、これとは戦わなければいけないのです。私は、悪魔がトップに立つ国をつくりたくないのです。

そういう国は、歴史上、たくさんありました。そして、そういう国では、国民が必ず不幸になっています。したがって、これは追い払《はら》わなければいけないと思っているのです。

ただ、「国難パート2」を追い落としても、まだ終わりではないだろうと思います。民主党には、まだ残りの人がいるので、誰かがまた出てくるでしょうが、一つ一つ、戦っていくしかないのです。

幸福実現党が政権を取るところまでは、まだ行けないかもしれませんが、とりあえず、現政権を撃《う》ち落とすところまではやるつもりでいます。「菅氏には、絶対に、一年以上は首相をやらせまい」と思っているのです。

本章は、やや過激な内容にはなりましたが、菅首相には、ヒトラーと並べられる〝光栄〟を喜び、それをあの世に持って還《かえ》っていただければ幸いかと思います。宗教家が、ここまで言っているのです。「ヒトラーと並べられたという〝名誉《めいよ》〟

を持って、あの世へ還りなさい。どうせ、同じような所に行くのだから」ということを予言しているわけです。

国のトップだからといって、偉《えら》いわけではなく、国民を幸福にするわけでもありません。菅首相には、それをよく知り、謙虚《けんきょ》になってもらいたいと思います。

私は、だてに国師《こくし》を名乗ってはいないのです。そのことを分かってくだされば よろしいのです。

そして、民主党の内部にも反省が働くことを祈《いの》ります。

『ドラッカー霊言による「国家と経営」』など、高級諸霊の霊言集を数多く発刊していますが、はっきり言って、彼らは、みな、日本の政治家より、ずっと偉い人ばかりです。彼らが言うことを素直に聴《き》いたらよいのです。必ず国がよくなります。言っている人の頭のレベルが全然違《ちが》うのですから、しっかりと聴いたらよいと思います。

短気にならず、粘《ねば》り強く、忍耐《にんたい》強くあれ

今年は『創造の法』（大川隆法著、幸福の科学出版刊）の年であり、宗教の可能性を追求しながら、やれるところまでやりたいと思っています。

幸福の科学の信者、あるいは幸福実現党の支持者のみなさんは、あまり短気にならないで、粘《ねば》り強く、忍耐《にんたい》強く戦ってください。

どうか、めげない強さを持ってください。懲《こ》りないところを見せてください。

勝海舟《かつかいしゅう》は、「逆境は、十年以上は続かない。運命は十年周期で変わる」と言っています。十年以上、同じような扱《あつか》いが続いたり、不利な逆風が吹《ふ》き続けたりするようなことはありません。最長でも、十年すれば、世の中は変わります。おそらく、もっと早く変えることができると思っています。

今は、少なくとも、大新聞各紙が当会の霊言集の広告を載《の》せざるをえないぐら

いの社会的勢力を持つところまで来ているのです。

したがって、「全国規模で選挙運動を展開できる宗教団体だ」という信用はあります。そういう宗教団体だからこそ、霊言を降ろしても、「そのくらいの人が出てきても、おかしくないでしょうね」と思われているのです。

地元（宮城県）の新聞を見ると、「町おこしとして、青森県のイタコ（霊媒《れいばい》）を呼び、一件四千五百円で人生相談を行う」という記事が載っていました。

しかし、イタコによる霊言で、ヒトラーの霊、菅直人守護霊、胡錦濤《こきんとう》守護霊、仙谷由人守護霊などは出てきません。

少なくとも、幸福の科学には、「国家レベルで影響力《えいきょうりょく》を持つところまで来ている宗教だ」という信用はあるのです。

「もう一段、現実世界における信用をつくりたい」――それが私の願いです。

そのために、今後も戦い続けていきたいと思います。

第4章

国家社会主義への警告

2010年6月22日（東京都・幸福の科学 東京正心館にて）

1　私は「何が正しいか」を追求している

『霊言集《れいげんしゅう》』発刊の波及《はきゅう》効果

本章では、私の著書『国家社会主義とは何か』（幸福の科学出版刊）の内容に関連した話をしていきたいと思います。

何とも、おどろおどろしく、難しそうな題の本であり、登場する霊人《れいじん》は、ヒトラー、菅直人《かんなおと》守護《しゅご》霊《れい》、胡錦濤《こきんとう》守護霊、仙谷由人《せんごくよしと》守護霊という、みな〝偉《えら》い〟人ばかりです。この並べ方はすごいです。新聞に載《の》っている広告を見ると、やはり、ドキッとするような並べ方であろうかと思います。

今、私たちは、かなり危険な領域にまで踏《ふ》み込《こ》んでいるらしいということは感じています。とうとう、ヒトラーあたりが出てき始めたので、これはそうとう怖《こわ》いところまで来ていると思います。

幸福の科学は、まだ、戦力が十分ではないと思い、〝かわいい言論〟を展開しているつもりでいるのですが、いろいろなものが反応してきつつあるように思います。

昨日《さくじつ》も、夜、何となく憂鬱感《ゆううつかん》が伝わってくるので、「何かが来ているのかな」と思い、霊域浄化《じょうか》のために当会の根本経典である「正心法語《しょうしんほうご》」のＣＤをかけたところ、「菅直人です」と言って彼の守護霊が出てきました。やはり、同書に霊言《れいげん》が載っているからでしょう。

私が、「あなたが憂鬱なのは分かりますが、何の御用《ごよう》ですか」と訊《き》くと、「明日《あした》のセミナーでの講義（本章のこと）をやめてほしい」と言うのです。幸福の科学・東京正心館で、全国へ衛星中継《ちゅうけい》されるセミナーが行われるということを、どこかで聞きつけたようです。

そこで、私は、次のように申し上げたのです。

「私のセミナーなど、大したことはありませんよ。影響力《えいきょうりょく》は本当に微々《びび》たるものですから、全然、気にせず、無視されたらよいのではありませんか。政権発足《ほっそく》時《じ》に、六十数パーセントも支持率があったのでしょう。消費税を十パーセントに上げる話をしたために、支持率が下がってきつつあるようですが、幸福実現党は、各種調査で、支持率が、零《れい》コンマ幾《いく》つとか、一パーセントとか、二パーセントとか、せいぜいそのあたりを上下している政党にすぎません。ノミや蚊《か》が刺《さ》す程度の攻撃《こうげき》しかできないので、無視して放《ほう》っておけばよいのです。私のセミナーなど気にしないでください」と。

しかし、なかなか納得《なっとく》してはもらえず、結局、一晩中、「正心法語」をかけ続けることになりました。そんなに気になるのでしょうか。ヒトラーなどと並べられて本にされると、やはり嫌《いや》なのでしょうか。

また、本が出ても、読む人と読まない人がいるでしょうが、たとえ買って読まなくとも、新聞広告のキャッチコピーだけを読めば、だいたい意図するところは分かります。そういう人まで含《ふく》めると、発行部数の百倍以上の波及《はきゅう》効果があると思われます。特に、マスコミ人などは、百パーセント知ることになるでしょう。そういう意味では、ものすごく〝嫌なこと〟をしているのかもしれません。

政治家の本音に迫《せま》る「異次元的マスコミ取材」

『国家社会主義とは何か』の「あとがき」に書いてあるように、私は、ただただ、「真理とは何か」「正しさとは何か」ということを追求しているだけなのです。「本当に何が正しいのか」ということを追求するために、実際に、いろいろな霊人を呼んで、さまざまな角度から意見を言ってもらい、それが幸福の科学や幸福実現党にとって不利な意見であっても活字にして出しています。

そのように、非常にフェアにやっているつもりであり、一切《いっさい》、嘘《うそ》は書いてありません。登場する霊人は実物そのものであり、霊言収録時の映像も公開しています。

私は、事前学習をしたり、事前に霊人を呼んで打ち合わせしたりなどは、一切していません。それでは、やらせになってしまうので、そういうことはせずに、いきなり呼んでいます。

そのため、霊人のほうも、急に引っ張り出されてショックを受けている場合が多いのです。事前に打ち合わせなどはせず、一切、ストーリーはつくらずに、インタビュー形式でやっているので、マスコミ的に見れば、こうしたやり方は、ある意味で、〝超《ちょう》マスコミ〟と言えるかもしれません。

政治家の本音にここまで迫《せま》れるというのは、マスコミ人から見たら、「夢」でしょう。彼らの本心にここまで迫り、それをしゃべらせることができたら、新聞の一面ぶち抜《ぬ》きの大スクープになるでしょう。それほどの内容を、異次元的手法によって、楽々と入手しているわけですが、その影響は、じわじわと出てきているようです。

やはり、誰《だれ》しも、政治家の本音を知りたいものです。外向きには、いくらでもいいことが言えるので、「本心では、どんなことを考え、どんなことをしようとしているのか」ということを、やはり知りたいでしょう。

例えば、同書に収められている霊言は、六月二日に一日で録《と》ったものですが、これは、ちょうど鳩山《はとやま》氏が首相辞任を表明し、まだ、次の総理等については、一切、決まっていない段階です。「鳩山首相、辞任」というニュースを聞いて、「次は、菅―仙谷ラインだろう」と予想し、その日のうちに録ったものであり、菅氏が内閣総理大臣になったり、仙谷氏が官房長官《かんぼう》になったりしてから録ったものではありません。それは収録の日付を見れば分かるとおりです。

そして、この六月二日の段階で、もうすでに、菅氏の守護霊は、「消費税を上げる」と、はっきり言っています。これは、総理になってからの発言ではありません。これだけ早い段階で、本心を聞き出しているわけです。

しかも、菅氏の守護霊は、「消費税の増税について、参院選のマニフェストに書いたのでは選挙に負けるので、『財政的な危機が迫ったら、そういうこともありうる』ということを匂《にお》わせる程度にとどめて、それには縛《しば》られないようにする。そして、選挙で勝ったら、政権担当中に消費税を上げたい」ということを、すでに六月二日に言っているのです。

ここまで本心を聞き出しているので、この「異次元的マスコミ取材」というのは、かなり強力です。本人でさえ、表面意識ではまだ明確に考えが固まっていないような時期に、潜在《せんざい》意識のほうが、はっきりと考えを述べているわけです。

そういう意味で、マスコミ的に見れば、これは、値段を付けるのが不可能な本だと思います。

2　日本を亡国へ導こうとするもの

ヒトラーは、自分がまだ「生きている」と思っている

『国家社会主義とは何か』では、最初にヒトラーを出しています。私は、ヒトラーを呼ぶことだけは、実は長らく避《さ》けていたのです。地獄《じごく》へ行っているのは明らかでしたし、活字として読んだだけでも同通してくるので、この人の本を読むのも嫌《いや》で、避けたい気持ちは常にあったのですが、今回は、しかたがないと思って呼んでみました。

彼には、やや滑稽《こっけい》なところもあったので、少し意外というか、驚《おど》きではありました。意外にファニーな部分があったのです。

ただ、彼は、霊界《れいかい》での自己認識があまりできていないようでした。自殺したはずなのに〝生きている〟ので、「自分は、まだ地上で生きているのだ」と思っているらしいのです。

今までの霊言《れいげん》で出てきた人を見ても、地獄霊になっている人たちは、自分が死んでいることを、そう簡単には認めません。普通《ふつう》の地獄霊の場合は、自分が地獄で苦しんでいることを分かっている人も多いのですが、このくらいプライドの高い人たちになると、たいてい、何か理由をこじつけて、死んだことを認めようとはしないのです。

ヒトラーは、「今は、ドイツの科学技術が進んで、寿命《じゅみょう》を延ばせるようになった。注射を一本打てば寿命が一年延びる。千歳《せんさい》ぐらいまでは生きられるのだ」とか、「二〇一〇年の未来人と話ができるというのは、タイムマシンが開発されたのかもしれない」とか、合理化して、自分が生きていることを納得《なっとく》しようとしているようでした。このように、地獄霊の場合、自分が死んでいるということが、なかなか理解できないのです。

菅直人氏の守護霊《しゅごれい》も、自分が守護霊だということは認めたのに、「霊である」ということがよく分からないような、おかしな感じでした。「本人とは違《ちが》う存在であることは分かっているけれども、霊というのは、ちょっと信じられない」というような言い方をしていました。

中国の軍事拡張路線の裏にはヒトラーの指導がある

ここまで裏側の事情を深く探《さぐ》るというのは、ＣＩＡでもＫＧＢでもできなかったことではないかと思います。

チャーチルの霊言（『民主党亡国論』〔幸福の科学出版刊〕第3章）では、「中国には、胡錦濤《こきんとう》の二代後ぐらいにヒトラー的な人物が出てくる」ということを言っていたので、私たちは、中国の覇権《はけん》主義を非常に警戒《けいかい》していたのですが、実は、二代後ではなく、現在、すでにヒトラー自身が中国に忍《しの》び寄って、指導をし始めているということが分かってきました。

鄧小平《とうしょうへい》の霊言（『アダム・スミス霊言による「新・国富論」』〔幸福の科学出版刊〕第2章）と、ヒトラーの霊言、胡錦濤守護霊の霊言の内容を合わせてみると、ヒトラーが中国を指導し始めていることが分かったわけです。

中国は、軍事的な拡張主義をとっており、侵略的《しんりゃくてき》、覇権主義的な面を持っているので、「波長同通の法則」によって、ヒトラーが引き寄せられてきているということでしょう。要するに、生前、軍事拡張路線で他国を侵略したヒトラーの波長と同通するものが、今の中国の指導部にはあるということです。

こうした事実を、霊的側面から調査し、発表しているわけであり、危険は伴《ともな》いますが、非常に重要な仕事であろうと私は思います。こういう部分を無視して、単に、「経済的な利益さえあればよい」とだけ考えて走っていくならば、国家の指導者、政治家としては、やはり十分ではないと言わざるをえませんし、国民を護《まも》り切ることはできないと思います。

このように、活字で発表しておくことによって、いろいろな人がこの内容を知ることができます。そして、「そういう考え方もありうるのかな」と、中国に対して警戒心を持っていれば、何かターニングポイントが起きたときに、それに気づくこともあるでしょう。

現実に、中国との商売のほうが大きくなっていて、さまざまな経済取り引きをしたり、現地生産をしたりして、貿易量も最大規模になっています。

そのため、日本の経済界のほうは、「中国と波風を立ててほしくない」ということで、中国を刺激《しげき》しないように、一生懸命《いっしょうけんめい》、押《お》さえ込《こ》もうとしていますし、政治のほうも、親中国路線のほうがやりやすいので、その方向に動いています。

しかし、政治のほうを見れば、最近では、「北朝鮮《きたちょうせん》の魚雷《ぎょらい》と思われるものが、韓国《かんこく》の哨戒艦《しょうかいかん》を真《ま》っ二《ぷた》つに割って沈《しず》める」という事件がありました。これに対して、韓国は、海底までさらって、北朝鮮製の魚雷だという証拠《しょうこ》を集め、国連に提訴《ていそ》しましたが、中国が常任理事国に入っているため、国連はまったく機能しない状態です。

中国と北朝鮮は、政治的な面では完全に一体であり、グルになっているのは明らかです。この点に関しては、やはり中国は「政経分離《せいけいぶんり》」で、政治と経済が完全に分離しているのです。鄧小平が霊言のなかで、「『敵（資本主義国）の兵法を盗《ぬす》み、それを利用してしっかり金儲《かねもう》けをし、軍事的な野望を果たす』というのが基本的な路線だ」と言っていましたが、それは本当なのだなということが見えてきます。

現在進行形の問題に答えるのは、「ソクラテス的」な仕事

私は、三角測量のように幾《いく》つかの点から全体を照射してみて、「こういう形が、はっきり見える」という感じで判断をしています。一点だけではなく、幾つかの点から全体を測量し、「だいたい、これで間違いない」という推定の仕方をしているのです。

幸福実現党は、去年から、「防衛の部分が、極《きわ》めて危ない」と言っていますが、実際にそうなのです。霊界で起きていることは、やがて、地上界に現実化してくる可能性があるので、国の防衛についても考えておかなければなりません。「まったくの能天気でいてはいけない」ということを言っておきたいと思います。

今の私の仕事は、昔で言えば、はっきり言ってソクラテスの仕事に相当します。

ソクラテスは、当時、アテナイの民主政のなかで、腐敗《ふはい》した知識人や言論人、政治家等と対話をし、彼らの考え方で間違っているところや無知なところなどを暴《あば》いて歩いたわけです。

最後は、弾圧《だんあつ》されて死刑《しけい》になったので、こういう仕事をする場合は気をつけなければいけないのですが、要するに、ソクラテスは、対話で誘導《ゆうどう》しながら、相手の間違っているところを明らかにしていくやり方をしていたのです。

私も、ソクラテス的な立場で、現在進行形の問題に答えようとしていますが、これは非常に難しいことです。思想家系統の人が現在ただいまの問題に答えるというのは、ものすごく力が要《い》りますし、難しいことなのです。当たり外れが、はっきり出てくるからです。

後追いで、過去のことについて分析《ぶんせき》して語るのは簡単です。有名な大学の先生などは、ほとんどが、過去のことばかりを語り、現在のことは語りませんし、未来のことは、もっと語りません。あとで、「外れた」と批判されるのが嫌だからです。

「すぐに結果が出るような、現在ただいま進行中の問題について語る」というのは、非常にリスクの高いことですが、私は、そういう現在進行形のことについても価値判断を加えています。

去年、七十パーセント台の支持率を集めた鳩山《はとやま》民主党政権に対して、あれだけ真《ま》っ向《こう》から批判をしたので、「私は、人柄《ひとがら》が悪いのかな」と、自分でもときどき思うことがありました。しかし、「国民の多くは、外見的な印象だけで支持しているけれども、鳩山政権がやろうとしていることは、とても危ない」ということを感じていたのです。これは、誰《だれ》かが言わなければいけないことなのですが、ほかに言うところがないので、私のほうで言ったわけです。

支持率が一年間で五十ポイントも落ちるというのは、やはり、私たちが言っていたことが、そうとうに当たっていたということです。この落ち方は、記録的な落ち方でしょう。

鳩山《はとやま》内閣の副総理だった菅《かん》氏には、連帯責任がある

そのマスコミ主導型の国民世論は、民主党が菅直人《かんなおと》氏に〝表紙〟を替《か》えた途端《とたん》に、支持率を六十パーセント台に戻《もど》したりしました。

しかし、菅氏は、鳩山《はとやま》内閣で、国家戦略担当大臣や財務大臣、副総理を務めていた人なので、連帯責任はあるはずです。

本来、こんな内閣は総入れ替えをしなければいけません。絶対にそうしなければいけないのに、知らん顔をして〝表紙〟だけを替え、鳩山氏と小沢氏だけの責任にし、国民によって、まったく新しい内閣が選出されたようなふりをしています。

マスコミのほうも、知らん顔をして、その流れに乗っています。そうとうの偏《へん》向《こう》があると言うべきでしょう。

基本的に、内閣は連帯責任なので、菅政権になったからと言って、そんなに簡単に支持率がブレるようではおかしいと思います。「『鳩山・小沢体制』が国民の信を得られず、駄目《だめ》だった」というのであれば、その内閣は駄目だということであり、菅氏にも連帯責任があると私は思います。

ところが、「鳩山・小沢切り」をして、内閣支持率が何十パーセントも上がったら、それですべてが救われたような言い方をしています。「鳩山氏の無知と、小沢氏の悪さの部分を切ったら、それですべて終わりだ」というような感じで逃《に》げようとしています。

そういうところを見ると、「民主党のなかにも、マスコミのなかにも、悪なるものが存在する」と、私ははっきり感じています。その「悪なるもの」とは何かというと、「日本を亡国へ導こうとしている何か」です。そういうものがあると感じています。

ただ、『国家社会主義とは何か』の最初にヒトラーを出したので、民主党は、これだけでも十分にこたえているのではないかと思います。

ヒトラー本人は、自分が地獄にいるとは思っていないようですが、彼の〝地下帝国《ていこく》〟が、今、中国から北朝鮮を通って、日本にまでつながろうとしているらしいのです。私は、以前、「九州から朝鮮半島に海底トンネルを通してもよい」という話をしたことはありますが、「〝第三帝国〟とつなげてよい」とは言っていないので、これは何とかしなければいけないと思っています。

また、胡錦濤も、なかなか怖《こわ》い人です。以前は、中国の国家体制ははっきりと変わったと思っていたのですが、「唯物論《ゆいぶつろん》・無神論の国是《こくぜ》は、基本的には変わっていない」ということが分かりました。これは、「鄧小平の霊言」を見てもそうです。金儲けのところだけを例外とし、あとは変わっていないということが、はっきり分かります。

今の日本政府は、中国の戦略に、しだいに乗せられてきています。「日本からアメリカを切り離《はな》す」というのが、中国の基本的な戦略です。「アメリカを切り離せば、日本独自では対応ができない」と読んでいて、完全に、そのようにする気でいるらしいのです。

胡錦濤の守護霊は、「日本など、十分《じっぷん》で全滅《ぜんめつ》させられる」と言っていますし、「チンギス・ハンを超《こ》えたい」とまで言っています。確かに、中国経済が、今の勢いで十パーセント成長をずっと続けていけば、そのような気にもなってくるだろうと思います。

経済が十パーセント成長を続け、軍備もどんどん増強しているのに、その隣《となり》には、「私たちは〝羊〟なので、一切《いっさい》、警備もしませんし、戦いません」と、一生懸命に言い続けているお金持ちの国があるのです。すぐ横に、こんな〝おいしい獲物《えもの》〟がいるわけですから、おそらく、日本がバカのように見えているでしょう。

胡錦濤は、かなりのマキャベリストだと推定されます。

自分を応援《おうえん》する宗教以外は認めない仙谷由人《せんごくよしと》氏

それから、仙谷由人《せんごくよしと》氏は、私と同じ徳島県人なので、少し困っています。あちらも困っているらしいのですが、私も、とても困っているのです。同郷のよしみで、応援《おうえん》してあげたい気持ちもないわけではないのですが、仙谷由人守護霊の霊言のなかでは、「どちらが徳島県から出て行くか」というような、厳しい戦いになっています。

彼の守護霊は、「坂本龍馬《りょうま》が幸福実現党の応援団長をやっているのなら、大川隆法を『坂本龍馬の生まれ変わり』ということにして、幸福の科学の聖地を高知県に移してほしい」と言っています。「高知県では信教の自由を認めるが、徳島県では認めない。エル・カンターレより、狸《たぬき》でも祀《まつ》ってくれたほうがよい」という見解のようです。

そのように言われると、当会の信者も黙《だま》ってはいられないので、ときどき彼に対して何か言いたくなるだろうと思います。当会の地元の信者から、「仙谷さん、『狸を祀れ』などということを言ってはいけませんよ。『阿波《あわ》の八百八狸《はっぴゃくやだぬき》』というのがいるかもしれませんが、狸を信仰《しんこう》するというより、あなた自身が狸でしょう」というようなことを、おそらく言われているのではないでしょうか。

政治家は、小さな集会へ行ったり、戸別訪問をしたり、座談会をやったりしなければいけませんが、そういうときにいろいろ言われて困っているのだろうと推定されます。

また、新聞の記事で、彼が、「若いころから、丸山眞男《まるやままさお》の著作集を枕元《まくらもと》に置き、夜、何度も繰《く》り返《かえ》して読んでいた」と言っていたのを目にしたため、仙谷氏批判の第一波として、丸山眞男の霊言（『日米安保クライシス』〔幸福の科学出版刊〕第1章）を録《と》ったのは事実です。

彼は、民主党内で新宗連《しんしゅうれん》など宗教関係の窓口を担当していますが、守護霊が自白しているとおり、民主党にいる幸福の科学信者の議員に対して、幸福の科学をやめるように圧力をかけ続けているのです。それは、現実に言われた人からも聞いているので間違いありません。

ところが、マスコミの取材には、「それは勘違《かんちが》いだ。そんなことは一切していない」と言って逃げ切っています。まさに〝狸おやじ〟の本領発揮です。

最終的には、「自分を応援する宗教以外は認めない」ということだろうと思います。情けないですが、しかたがありません。結局、自分の利害しか考えていないので、本当に駄目です。

3　今の日本に必要なのは「財政再建」ではない

財務官僚《かんりょう》の掌《てのひら》の上に乗っている菅《かん》首相

本章は、菅《かん》氏についての話が中心なので話を戻《もど》しますが、彼は、基本的に嘘《うそ》つきであり、霊感《れいかん》商法をつくり出せるようなタイプの人間です。

人を騙《だま》したり、途中《とちゅう》で話をはぐらかしたり、ごまかしたりするのが、かなり上手です。彼は、そういう能力が高い、一種のマキャベリストでしょう。その意味で、政界の遊泳術を心得ていて、ここまで偉《えら》くなったのだと思われます。

ただ、本質的には、昔、厚生《こうせい》大臣（現厚生労働大臣）としてやった仕事以外には、ほとんど意識が向いていません。ほかの分野が見えているとは思えませんし、最近、彼が言っていることを聞いていると、脱官僚《だつかんりょう》を目指していたわりには、完全に官僚の掌《てのひら》の上に乗っていることがよく分かります。結局、官僚のレクチャーを受けないと、何も分からないということでしょう。

ちなみに、「みんなの党」の渡辺喜美《わたなべよしみ》氏は、「菅内閣は、『脱官僚内閣』などではない。『菅』の『くさかんむり』が取れた〝官〟内閣だ」などと、面白《おもしろ》いことを言っていました。

「消費税の増税に踏《ふ》み切るかどうか」という話も出ていますが、あれは、「日本がギリシャのような財政危機になったら大変だ。消費税を上げないと、日本も、数年であのようになるぞ」と、財務官僚に脅《おど》されているのです。それで、慌《あわ》てて、「日本は消費税を上げなければ大変なことになる」と、嘘か本当か分からないようなことを言っています。

しかし、ギリシャと日本を一緒《いっしょ》にされては困ります。あのような観光産業ぐらいしかないような国と一緒にされるのは迷惑《めいわく》ですが、仮に、その言葉を、そのとおりに受け取ったとしても、そもそも、ＥＵが定めている基準には疑問があるのです。

ＥＵの加盟国でいるためには、「ＧＤＰの三パーセント以上の財政赤字があってはいけない」ということになっていますが、ギリシャは、その基準を超《こ》える財政赤字を隠《かく》していたことが明らかになりました。最近では、ギリシャだけではなく、スペインやハンガリーなども嘘をついていることが明らかになってきていきます。

しかし、企業《きぎょう》経営の場合、借入金《しゃくにゅうきん》が売り上げの三パーセント以下というのは、かなり少ないほうであり、そういう会社は超《ちょう》優良企業です。

実際は、「借入金が売り上げの三割を超えてはいけない」というのが、経営の法則なのです。つまり、借入金が三十パーセントを超えると、経営的には「要注意ライン」に入るということです。三割を超えたら、やや危険領域に入り、元本を返せなくなる可能性があるわけです。

例えば、年商一億円の規模であれば、三千万円以上の借り入れを起こすと、元本を返せなくなる可能性があります。「利子は返せても、元本を返せない可能性がある」というのが、このラインです。そして、借入金が五割を超えた場合、返せないことがほぼ確定する可能性が高いのです。

ＥＵのほうが、どのような根拠《こんきょ》で「三パーセント」という基準を定めているのかはよく分かりません。外見《そとみ》をきれいに見せるためなのでしょうか。その数字に、正当な理論的根拠があるとは、とても思えません。

「国に九百兆円の借金がある」と言っても、債権者《さいけんしゃ》は国民である

それから、もう一つ、菅氏が分かっていないと思うことは、「国家財政と家計

とは違《ちが》う」ということです。

国家の財政と家計には、基本スタイルとして似たようなところはあるのですが、違うところもあるのです。つまり、家計ではできないことが、国家ではできるということです。何が違うかというと、もし、家庭で紙幣《しへい》を印刷したら、逮捕《たいほ》されて刑務所《けいむしょ》へ行くことになりますが、国家が紙幣を印刷しても犯罪にはならないということです。国家には、紙幣の発行権があるので、その意味で、国家財政と家計は違います。

さらに、個人の場合、他人からの借金を踏み倒《たお》したら、社会的非難を浴びますし、犯罪になることもあります。しかし、国家の場合、借金の踏み倒しは、過去に何度も行っていることなのです。

例えば、江戸《えど》時代には、幕府が、「商人からお金を借りては踏み倒す」というようなことを、しょっちゅうやっていました。

私は、別に、政府に対して、「借金を踏み倒せ」と言っているわけではありません。ただ、国債《こくさい》等の債務残高は、マックスで九百兆円程度あると言われていますが、現在、国民には一千四百数十兆円の金融《きんゆう》資産があり、しかも、外国から借金をしていて返済を迫《せま》られているわけではないということです。

日本の場合は、「『借金を返さないと、軍艦《ぐんかん》を送って砲弾《ほうだん》を撃《う》ち込《こ》むぞ』と外国から脅されているような状態とは違うのだ」ということを知ってほしいのです。

もし、日本が、アメリカから九百兆円のお金を借りていて、「借金を返さなければ、第七艦隊を送って、砲弾を撃ちまくってやる」と言われているのならば、それは国家存亡の危機であり、国民のタンス預金等をかき集めてでも返さないと危険です。しかし、国債は国民の預貯金が原資になっているので、債権者は日本の国民なのです。

その上、国民は、全部で一千四百兆円以上の金融資産をキープしており、国家が保有する財産の部分を無視したとしても、借入金の総額は、地方公共団体を含《ふく》めて九百兆円ぐらいしかないということなので、日本は、まだ潰《つぶ》れるような段階ではないのです。

したがって、財務官僚が、自分たちの考える財政再建の方向に引っ張っていきたくて、菅首相にレクチャーしているのだろうと推定されます。

急速な増税による「景気の失速」を恐《おそ》れよ

民主党政権が長く続くとどうなるか、少し疑問なところはありますが、基本的に、日本は対外的には債権国であり続けているので、「変なこと」をしなければ大丈夫《だいじょうぶ》です。

その「変なこと」の一つが、急速な増税です。急速な増税を行《おこな》って、景気を失速させるとよくありませんが、民間のほうが、成長し、発展し、繁栄《はんえい》し続けているかぎり、政府などいくら潰れても構わないのです。

むしろ、潰れたほうがよいくらいです。一度、潰れなければ、新たにつくり直すことができません。政府が肥大化したまま、現状をそのまま維持《いじ》しながら生き延びようとしているために、赤字が止まらないのです。

ただ、政府の赤字が、実は、「民主主義の防波堤《ぼうはてい》」になっている面もあります。黒字だと、ばらまきをし始めますが、赤字をつくっておくと、ばらまきができなくなってくるところがあるのです。

人間は、借金を背負っていると、酒やパチンコをやめて、働き始めます。同じように、政府の場合も、「借金を背負っている」という意識があると、利益誘導《ゆうどう》の誘惑にかられて、ばらまきをすることができなくなってくるのです。この国の国民性を見るかぎり、借金を持っていたほうがよいのかもしれません。

目指すべき方向は、借金の伸《の》び率を小さくするよりも、国民の総収入の伸び率が大きくなる方向です。そちらの方向を選んでおけば、今のところ、国が潰れる心配はないと考えてよいでしょう。ギリシャやハンガリー、スペインなどというような国は、比較《ひかく》の対象ではありません。

私は、財務官僚に騙されるほど愚《おろ》かではないので、彼らの論理に、そう簡単には乗せられません。

「国が赤字国債を出すと信用がなくなる」というのであれば、国だけではなく、民間と抱《だ》き合わせで発行してもよいと思います。資金の有効投資が、まだ十分にできておらず、眠《ねむ》っている資金がたくさんあるので、それを、未来を発展させる方向で、有効に使っていくことが大切です。

ともかく、今、急速に増税をかけたら、本当に国が縮んでいきます。これは非常に危険です。

ソ連を崩壊《ほうかい》させたのは、レーガン大統領の〝借金の力〟

以前、アメリカのレーガン大統領は、ソ連との冷戦に勝利を収めましたが、彼は、「双子《ふたご》の赤字」（財政赤字と貿易赤字）と呼ばれる巨額《きょがく》の債務をつくりました。

私は、当時、彼のつくった「双子の赤字」には、あきれ返っていたのですが、その「双子の赤字」によってソ連を潰してしまったので、すごいなと思いました。借金にそのような力があるとは知らなかったのです。

当時、アメリカでは、国の財政赤字と貿易赤字がどんどん巨大化しており、「これで国が成り立つのだろうか。両方ともこれだけ赤字だと、さすがに、国が潰れるのではないか」と、少し心配していたのですが、結果的にソ連を潰してしまったわけです。

ソ連は、「牛と、お腹《なか》の大きさを競争するカエル」のようなものでした。カエルが、牛と競争してお腹をいっぱいいっぱいに張っていき、バリッと裂《さ》けてしまった姿が、ソ連の崩壊《ほうかい》なのです。

アメリカのレーガン大統領は、「赤字や借金が増えてもよいから、絶対にソ連を叩《たた》き潰してやる。『悪魔《あくま》の帝国《ていこく》』は許さない」と言って、ソ連とスターウォーズ計画等で国家防衛競争したところ、ゴルバチョフが白旗を揚《あ》げたのです。「もう、とても敵《かな》いません。ソ連の国家経済は、もうもちません」ということで白旗を揚げ、無条件降伏《こうふく》したわけです。これが、先の冷戦でのソ連の敗北です。

私は、「レーガンは愚かだ」と思っていたのですが、「実は、天才だ」という声もあり、そうかもしれないと思います。彼はハリウッドの二流役者だったので、大統領になっても〝ヘボ役者〟をやっているのかと思いましたが、なかなかのものです。

世界の人々は、米ソの核《かく》戦争が起きるのではないかと、何十年も恐《おそ》れていましたが、レーガンは、東西冷戦を、一人も死なせることなく終わらせました。ケネディ以来、核戦争の危機にずっとさらされていたのに、一人も死なせることなく、相手を負かしてしまったのです。

しかも、相手に「負けた」と自覚させずに敗戦させてしまうという、実に芸術的な潰し方をしました。借金にこんな効果があるということを、私は初めて知ったわけです。

私は、昔、企業で財務マンをしていたことがあるのですが、当時を振《ふ》り返って考えてみると、確かに、「借金も、大きくなると、むしろ強くなる」ということがありました。

大きな銀行と付き合っている場合、借金が大きくなると、借金をしているほうが威張《いば》ってくるようになります。借金が小さいと、取り立てが厳しく、「貸したお金を全部引き上げるぞ」などと言われて、銀行にいじめられるのですが、一行《いっこう》から一千億円ぐらい借りると、借金をしているほうが威張ってくるのです。

「うちのように、大口で借りるところはないだろう」と言って開き直ると、銀行のほうがペコペコして、「毎年毎年、借り換《か》えてくれるなんて、ありがたい」という感じになります。

例えば、銀行が一兆円の貸し出しをするのに、小口の貸し出し先を数多く探すのは大変です。小さな会社に一億円ずつ貸すとしたら、一兆円だと一万社に貸さなければいけません。「一万社を審査《しんさ》して、一億円ずつ貸す」というのは、ものすごい労力がかかります。

したがって、一社で、一千億円単位のお金を借りてくれるというのは、銀行にとっては、本当にありがたい話なのです。実際に、借金をしているほうが、ふんぞり返って、威張っていました。国家のレベルでも、そういうことはあるのです。

菅首相は、そういう大きな経済の勉強が、まだ少し遅《おく》れているのかもしれません。

日米が共同歩調をとるかぎり、国が潰《つぶ》れることはない

実は、日本が世界最強国になり、円が基軸《きじく》通貨になった場合には、ある意味で〝やり放題〟になるのです。

要するに、アメリカがやってきたことを、日本もできるようになるということです。日本は、まだその境地を味わったことがありません。そういう〝豪華《ごうか》な暮らし〟を、まだ経験していないのです。

アメリカのように、世界最強の軍隊を持ち、世界最高の豊かな生活を送っていると、「国の赤字が増えたと言っても、ドルを刷れば終わりではないか。アメリカが潰れたら、世界は回っていかなくなるからね」と言って、平気な顔をしていられるのです。

日本が発展するということは、実は、そのアメリカに近づいていくということ

を意味しているわけです。

日本単独では、まだ力が足りないかもしれませんが、「日米が連携《れんけい》して、外交、軍事、政治、経済等で共同歩調をとり、協調して同じように動く」という、その固い絆《きずな》さえ放さなければ、お互《たが》いに、どれだけ借金をしても国が潰れることはありません。計算上、今のところは心配ないと思います。したがって、財政についての考え方が、少し堅実《けんじつ》すぎるかもしれません。

今の日本に必要なのは、緊縮《きんしゅく》財政を敷《し》くことではありません。もし緊縮財政を敷いたら、ＧＤＰの国際順位がどんどん下がっていき、国民はさらに萎縮《いしゅく》していくと思われるので、ここは踏ん張って、もう一段の発展・繁栄を目指すべきであると思います。

経費を削《けず》るなら、「省」を丸ごと廃止《はいし》するぐらい大胆《だいたん》に

民主党の実績として、世間では、「事業仕分け」などが挙げられているのでしょうが、削減《さくげん》できた金額が小さすぎました。「経費を削《けず》る」というのであれば、金額がもっと大きくなければいけません。あの程度のものは、国政レベルでやるようなことではないのです。数千億円程度の無駄金《むだがね》を引っ張り出すぐらいのことは、会計検査院でできる仕事であり、政権政党がやるような仕事ではありません。

政権政党がやるのであれば、「厚生労働省を丸ごと廃止《はいし》する」というぐらいのことが必要です。厚生労働省を廃止したら、八兆円の予算が要《い》らなくなります。それから、文部科学省も廃止してしまえば、合わせて十六兆円ぐらい予算が要らなくなります。

そうすれば、消費税の税率など上げなくても大丈夫です。あのような役所は、

もう要りません。文部科学省がいったい何をしているというのでしょうか。文部科学省の八兆円と、厚生労働省の八兆円で、合計十六兆円ぐらい削減すると、本当にすっきりしますし、国債依存度《いぞんど》も減るでしょう。

政治としては、そのくらい大胆《だいたん》にやったほうが、数字の上でもきれいに見えますし、ジャック・ウェルチのようで格好いいでしょう。居合抜《いあいぬ》きのようにバシッバシッと切ったら、ものすごく格好いいので、菅氏には頑張《がんば》ってほしいと思います。せっかく民主党が政権を取ったのだから、政権を手放す前に、そのくらいバッサリと切り、それから辞《や》めれば功績が残るかもしれません。

現状維持のままで変えようとしても、ほとんど変えられないので、やはり、いったんゼロにして、「本当に要るか要らないか」を再検討すべきです。やるなら大胆にやるべきですし、そこまでする気がないというのであれば、国家としては黒字なので、財務官僚の言うことはあまり信じずに、もう少し発展志向で、成長産業のところにしっかりお金を出していったほうがよいと思います。

4 「大きな政府」は国民を不幸にする

国家権力が大きくなると、国民の「生殺与奪《せいさつよだつ》の権」を握《にぎ》られる

最近の日銀は、私の言っているような方向に動いてきています。当会の幹部に日銀出身者がいることも、だんだん効いてきているのかもしれません。日銀に勤めていながら「日銀不要論」を唱えていた人が、当会の幹部をしているので、とても怖《こわ》いだろうと思います。その人は、九〇年代にバブル潰《つぶ》しをした三重野《みえの》総裁の時代に日銀に勤めていて、当会の教えに忠実に、「日銀は要《い》らない」と言っていたようです。

三重野氏がいなければ、国民はもっと豊かな暮らしができたのですが、あの人のために、国民の財産がいったいどれだけ失われたか分からないぐらいです。あれは、完璧《かんぺき》な社会主義政策でした。

社会主義の中心概念《がいねん》は「統制」であり、国民に、「自由な経済活動をして豊かになる」ということをさせないようにする考え方なのです。

自覚しているかどうかは別として、今の政権が「大きな政府」を目指しているのは明らかです。つまり、彼らは、国家の権力を大きくしていって、「国民の面《めん》倒《どう》を見てあげますから、安心して、お金を全部、国に預けなさい」と言っているようなものなのです。

しかし、そう言われても、やはり、相手の〝人柄《ひとがら》〟をよく見てからでなければ、全財産を預ける人はいないでしょう。「年を取って六十歳《さい》を過ぎたら、財産を全部、預けなさい」と言われても、相手に持ち逃《に》げされたり、使い込《こ》まれたりしたら終わりです。やはり、ある程度までは、自分の財産を自らの支配下に置こうとするのが普通《ふつう》です。

私はそう思います。国民が、「生殺与奪《せいさつよだつ》の権」を握《にぎ》られ、「私たちの判断一つで、君たちをどうにでもできるのだよ」というような立場に置かれた場合には、ゲットー（隔離《かくり》地域）に入れられるユダヤ人と同じようなことになります。

「この汽車に乗ってください」と言われ、乗らないと殺されるので汽車に乗るわけですが、結局は、ガス室行きになって殺されるのです。「みなさん、消毒をしますから、服を脱《ぬ》いで、この部屋に入ってください」と言われて入ったならば、次は、「死んで灰になってください」ということになって終わりです。

今のままの計算でいくと、将来は、そういう世界になりかねません。「税率が、五十パーセントを超《こ》え、七十パーセントぐらいまで上がっていくか」、それとも、「六十五歳以上の人には死んでもらうか」、このどちらかしか方法はないのです。

あるいは、北朝鮮《きたちょうせん》にお願いして、「年を取った人は、北朝鮮のほうに送りますので、よろしくお願いします」というようなことになるかもしれません。

「日本では、口蹄疫《こうていえき》の牛を殺処分するのにも非常に苦労をしたほどで、人間の〝殺処分〟には慣れていないため、北朝鮮や中国のほうで一つよろしくお願いしますというということになり、年を取ったらタンカーか何かに乗せて連れていかれるかもしれません。「〝夢の国〟に連れていきます」などと言われたら、気をつけたほうがよいでしょう。

国民を幸福にしない政権は去るべし

やはり、できるだけ自助努力をし、「自分たちのことは、自分たちの力で護《まも》る。あるいは自分たちの会社で護る」という考え方を大事にしていったほうがよいと思いますし、国家の介入《かいにゅう》や強制力などは、少なければ少ないほどよいのです。

「沖縄《おきなわ》は独立したほうがいい」と思っているような首相に、「地域主権」などと、あまり言わせないようにしなければいけません。本当に、沖縄県民を日本国民の一部だと考えているのであれば、そんな無責任な発言をしてはならないのです。

地域主権も、基本的に、中央政府の「責任逃《のが》れ」に使われている可能性が極《きわ》めて高いのです。まず、〝紐付《ひもつ》き〟の補助金のほうをなくして、一括《いっかつ》して交付するということにし、その次に、交付金自体をなくしていくだろうと思います。「地方は地方で勝手にやってください」という方向に持っていくと思われます。

菅《かん》首相は、「大きな政府」を目指しつつ、国民が幸福にならない「最小不幸社会」を目指しているらしいので、私は、一瞬《いっしゅん》、「『最小幸福の社会』を目指しているのかな」とも思ったのですが、ともかく、これは、夢のない政権です。一年以内に去っていただきたいと思います。

第5章

未来への国家戦略

2010年7月4日（神奈川県・横浜アリーナにて）

1　国家社会主義が復活しつつある日本

「ユートピアづくり」の戦いはまだ終わっていない

本日は、どうもありがとう。

暑いなか、みなさんが日々に努力・精進されている姿を見るにつけても、まことに、まことにありがたいことであると感じています。

幸福の科学立宗以来、二十数年間、私たちは、この地上に仏国土《ぶっこくど》ユートピアを打ち立てるべく、努力してまいりました。

しかし、残念ながら、現今《げんこん》の情勢は、われわれのユートピア運動が必ずしも功を奏しているとは言えない状態にあります。このことに関し、私は、みなさんに対し、まことに申し訳ないことであると感じています。

二十数年間、活動してきましたが、まだ、この国において、仏法真理《ぶっぽうしんり》の大きな柱を打ち立てることに、十分には成功しておりません。

一方、世界の国々には、私とまだ直接会ったことがないにもかかわらず、翻訳《ほんやく》された私の書籍《しょせき》と私の説法をもとにして、日々、活躍《かつやく》している仏弟子《ぶつでし》たちが多数存在いたします。

そのことを考えるにつけても、「われらの力が及《およ》ばず、日本という国において、大きな考え方の変更《へんこう》を招来できずにいる」ということについて、強い強い残念な思いと同時に、「まだ戦いは終わっていない」ということを感じる次第《しだい》であります。

「国家社会主義」という名の悪魔《あくま》が、日本に復活しつつある

昨今、発刊された霊言集《れいげんしゅう》には、「この国は、明治維新《いしん》以降、初めて、悪魔《あくま》の支配を許した」という趣旨《しゅし》のことが述べられています（『最大幸福社会の実現―天《あま》照大神《てらすおおみかみ》の緊急神示《きんきゅうしんじ》―』〔幸福の科学出版刊〕参照）。

今、民主主義的な手続きをとりながら、「国家社会主義」という名の悪魔が、この日本に復活しようとしています。

しかも、その背後には、一九〇〇年代前半に、ドイツで敗れ去ったヒトラーの霊が潜《ひそ》んでいます。今、ヒトラーの霊は、地獄《じごく》で地下帝国《ていこく》を築き、中国、北朝鮮《きたちょうせん》、そして、日本へと触手《しょくしゅ》を伸《の》ばしてきていることが、霊的に明らかになっています（『国家社会主義とは何か』〔幸福の科学出版刊〕第1章「ヒトラーの霊言」参照）。

昨年（二〇〇九年）、私は、みなさんに、「伝道、未《いま》だし」と申し上げました。

しかし、「伝道、未だし」という言葉では、まだ十分ではないように思われます。「私たちは、まだ根本的に力が足りていない」と言わざるをえないと思うのです。

この国の国民《くにたみ》と、国民を操縦するところのマスコミ世論が、悪魔の支配を許すに至ったことに関し、あるいは百歩譲《ゆず》って言うならば、悪魔の手下の支配を許すに至ったことに関し、私は、強い自責の念を感じております。

こんなことであっては、本来の目標である地球ユートピア実現は、遥《はる》かに遠い世界へと遠のいてしまうでしょう。

私が、何をもって、「悪」と言っているのか。何をもって、「悪魔の手下に今、支配されようとしている」と言っているのか。それを、あなたがたに簡単に述べましょう。

それは、「自由の死をもって、悪魔の支配下に入ろうとしている」ということなのです。

あなたがた一人ひとりは、すべて神の子・仏の子として、地上にユートピアを建設すべく、「自主的な考え方の下《もと》に、発展・繁栄《はんえい》の道を選び取り、自らの人生を歩む」ということを許されています。

しかし、今、その道が閉ざされようとしていることに対し、たいへん残念な気持ちでなりません。

「この国が、神も仏も、実在界《じつざいかい》といわれる『あの世』をも信じない人々によって、あるいは、『人間が霊的存在であり魂《たましい》である』ということを信じない人々によって、支配されつつある」ということに対し、深い深い、聖なる怒《いか》りを感じるものであります。

地上は、本来「神の国」であり、「仏国土《ぶっこくど》」でなければならない

この地上もまた「神の国」であらねばなりません。そして、仏の子たちが魂《たましい》

修行《しゅぎょう》をなす「仏国土《ぶっこくど》」でなければなりません。

この国は、いったい、いつ、どのような理由により道を誤ったのか。それを考えてみたいと思うのです。

日本人は、あまりにも、視野が狭《せま》かったのではないでしょうか。あまりにも、本質的なものを忘れすぎていたのではないでしょうか。

すでに二十年も前に、唯物論《ゆいぶつろん》の大国を崩壊《ほうかい》させ、神の国建設の足場を築いたにもかかわらず、この国の言論や教育、社会的常識、政治的見識、マスコミによる誘導《ゆうどう》、こういうものが、「神の意志は、どこにあるか」ということを見えなくしてしまったのです。

チャンスは、あったのです。もう、すぐそこまで来ていたのです。そのチャンスを逃《のが》して、ユートピアづくりの道を遙か遠くに押《お》し流してしまった罪は、計り知れないと私は思います。残念でなりません。

いまだ、この国においては、信仰《しんこう》というものを社会の中心に据《す》え、そして、宗教的人格を持った人間が、表側の世界でリーダーとして活躍できるような状態にはありません。

むしろ、その逆でありましょう。宗教的信仰告白を伴《ともな》うならば、表側の世界では、不利になるような状態が続いていると思います。

それは、この世が、「人間の世」から「獣《けだもの》の世」に変わったということを意味しています。動物たちには、基本的に信仰心がありません。ゆえに、動物には基本的人権もありません。

ところが、人間には、基本的人権があります。この基本的人権のもとは、どこにあるのでしょうか。

神仏《かみほとけ》なくば、そして、「神仏《かみほとけ》が、人間をこの世にあらしめ、転生《てんしょう》させ、魂修行をさせる」という壮大《そうだい》な文明実験を続けていなければ、人間は、動物たちと何ら変わるところがないのです。

それが、まだ、世の常識となっていないことが、非常に非常に残念でなりません。

真理を知る者は、「正しいことは正しい」と言い続けよ

今、「人民の、人民による、人民のための政府」が、人々を迷わし、苦しめ、そして、地獄に引き入れようとしています。ゆえに、黙《だま》っているわけにはいかないのです。

この世においては、人々の思想は自由ですが、神の世界においては、「何が正しく、何が間違《まちが》っているか」ということは明確です。

少なくとも、「三次元地上世界は、神仏《しんぶつ》がつくられた、偉大《いだい》な霊的宇宙の一部である」という事実は、どのような者が否定しようとも、否定し去ることはでき

ないものであります。

この世的な思想や信条を説くのは自由です。しかし、真実をくらますことは、許されないことなのです。それを、あなたがたに知っていただきたいと思います。

経済的繁栄のみを求めることは、宗教的には必ずしも正しいことではありません。経済的繁栄を求めるなかには、「神仏の繁栄を、この世に実現する」という面もあれば、「唯物論的に神仏《かみほとけ》を否定して、この世を生きやすくする」というかたちでの繁栄もありうるのです。

したがって、われわれは、人々の選択《せんたく》が、正しい方向に向くように導いていかねばならないわけです。

今、世界の人口は、七十億人を超《こ》え、百億人に向かっています。私の思いは、「百億の人口をまもなく抱《かか》えようとする、この地球において、どうすれば、二百カ国以上ある国の人々が調和し、協調しながら、幸福に生きていけるか。そういうビジョンをつくりうるか」ということに集中しています。

だからこそ、この日本一国さえ、まだ十分に導くことができずにいることを、とてもとても残念に思います。

どうして、真理を、真理として受け入れることができないのでしょうか。それはそんなに難しいことなのでしょうか。

多大な国費を使って、何十年も唯物論・無神論を教え続けていますが、それが、本当に世の中のためになっているのでしょうか。私は、それをこそ問いたいと思います。

現政権のなかには、「小選挙区制の下《もと》で、自民党か民主党かという二つの極《きょく》を選択できることが民主主義であり、今回、政権交代が起きたことによって、時代が進化した」と考えている人もいるかもしれません。

しかしながら、現政権のなかに、明らかに、数名の悪魔が存在していることを私は見破っています。彼らに、国民の命や未来を預けることはできません。ゆえに、私たちは、「正しいことは正しい」と言い続けねばならないと思うのです。

2 勤勉に働く人が、栄冠《えいかん》を勝ち得る社会の建設を

世を照らすことこそ、人生の目的である

確かに、昔は、現在のように、政治制度や経済制度が発達していなかったために、過去の宗教家たちは、政治経済のあるべき姿を十分には説けなかったかもしれません。そういう面は否《いな》めないと思います。

さらに、過去の宗教家たちが説いた言葉のなかには、それを悪用すれば、現在の唯物論《ゆいぶつろん》や無神論につながりかねない教えが一部にはあることも事実です。また、

自由主義や資本主義を否定するような考えが散見されることも事実ではあります。

ただ、私は、あなたがたに、明らかに言っておきたいのです。「勤勉に働く人たちが意欲を失うような社会は、神仏の願う社会ではない」ということを――。

この地上は、困難に満ち満ちています。しかしながら、そのなかで、智慧《ちえ》と汗《あせ》を絞《しぼ》って未来を切り拓《ひら》いていくことこそ、人々に課せられた責務であるのです。

あなたがたは、国家社会主義によって、ゆりかごから墓場まで面倒《めんどう》を見てもらうために、生まれてきたのではありません。

あなたがたは、世を照らすために生まれてきたのです。「自分自身を照らし、他の人々を照らす」という目的のために生まれてきているのです。

地獄《じごく》への道は、善意で舗装《ほそう》されています。誰《だれ》が聴《き》いても耳触《みみざわ》りのよい言葉は、残念ながら、天国へは通じていません。

天国へ通じる道は、茨《いばら》の道です。あなたがたは額に汗し、智慧を絞り、共に手を携《たずさ》えて一生懸命《いっしょうけんめい》に努力しなければ、その茨の道を歩んでいくことはできないのです。

天国への道を歩むのは、狭《せま》き門より入《い》り、狭き山道を上《のぼ》ることに似ています。一方、地獄へ堕《お》ちる道は、その門は広く、それをくぐる者多く、その道も緩《ゆる》やかにゆっくりと下《くだ》ってゆくものです。

上り坂は誰もが苦しいものですが、下り坂は容易です。そのため、ともすれば、人は、下り坂に入ろうとします。また、下り坂の道に誘《いざな》う者を、善意のある者と曲解する傾向《けいこう》もあります。これは、まことに悲しいことです。

政府に〝おねだり〟をするのは、もう、やめよう

国家社会主義という、二十世紀中に終わるべきであった文明実験が、二十一世紀に入っても続いているわけです。私は、「もう、そろそろ、これを終わらせな

ければいけない」と考えています。

神仏やあの世、霊的《れいてき》存在を否定した世界観に基づく国家は、間違《まちが》った国家です。日本は、そうした国の仲間になってはなりません。断じて仲間になってはいけないのです。

神を信じ、神の御心《みこころ》を信じ、自らの智慧と努力によって、栄冠《えいかん》を勝ち得るような社会を建設しなければならないのです。「最大多数の最大幸福社会」は、与《あた》えられるものではありません。巨大《きょだい》権力によって、つくり上げられるものでもありません。一人ひとりの思いと努力によって、つくり上げていくべきものなのです。

ゆえに、私は、あなたがたに言いたい。

政府に〝おねだり〟をするのは、もう、やめようではありませんか。それは、あなたがたの本来の使命とは違うものです。

あなたがたは、今世で、使命が終わるわけではありません。今世で、命が終わるわけでもないのです。永遠の旅人として、道を歩む者であるのです。

そうであるならば、多少、厳しく聞こえるかもしれませんが、私の声に耳を傾《かたむ》けてほしいのです。

この国は、今、擬似《ぎじ》宗教ともいうべきものによって、支配されようとしています。それは、「この世的にのみ、優《やさ》しさを実現する」という考え方です。そちらのほうに誘導《ゆうどう》されつつあります。

しかしながら、私は、その本心において、民《たみ》を愚民視《ぐみんし》するような考え方には、どうしても乗ることができないのです。

3　消費税増税の議論のなかにある「嘘《うそ》」

政府は「資産」を明らかにして議論せよ

さらに、「嘘《うそ》を塗《ぬ》り固めて政策をつくり、それを国民に浸透《しんとう》させていく」という政治手法にも、私は、納得《なっとく》することができません。

例えば、今回（二〇一〇年）の参院選においては、消費税の問題が大きなテーマの一つとなりましたが、「この議論のなかに嘘がある」ということを私は何度も述べています。

みなさんは、すでに十分な税金を払《はら》っています。そして、その税金は、本来、建設的な未来を導くために使われなければならないものです。

しかしながら、「その内容を隠蔽《いんぺい》し、ごまかしている者がいる」と明らかに思えるのです。これは残念で残念でなりません。

なかには、「日本が、ギリシャのようになってはいけないから、増税をかける必要がある」と主張する人もいます。

しかし、はたして、そうでしょうか。そのような人は、経済学の初歩も知らないのではないでしょうか。私はとても残念に思います。

確かに、日本は国債《こくさい》を大量に発行しており、借入金《しゃくにゅうきん》等も含《ふく》めた債務《さいむ》残高は、八百数十兆円に上《のぼ》ります。政府は、これだけを捉《とら》えて、「こんなに国の借金がある」と言い続けています。それだけを見たら、借金が増え続けているように思えるかもしれません。

しかし、本当に借金だけしかないのでしょうか。貸借《たいしゃく》対照表には、「負債《ふさい》」の反対側に、「資産」が必ずあります。

政府は、持っている資産を公表していませんが、「そうした国債によって、いったい何をつくったか。今、どういうかたちで資産を持っているか」ということについて、正直に答えるべきです。

今、政府は、その資産の部分を隠《かく》して、「国には借入金のみがあり、さらに、その赤字を埋《う》めるために、もっと税金が要《い》る」と述べているのです。ゆえに、私は、「このなかに嘘がある」と申し上げているわけです。

もし、「本当に借入金だけしかない」と言うような人がいるならば、そういう人は、三千億円を使ってダムを七割がたつくったにもかかわらず、途中《とちゅう》で建設を中止して三千億円を無駄《むだ》にするような人です。あるいは、空港が開港したにもかかわらず、閉鎖《へいさ》してしまうような人です。そして、こういう人こそが、本当は、国民の資産を食い潰《つぶ》しているのです。

そういうことを正直に述べないから、私は許すことができないのです。

「政府の債務《さいむ》」は「国の借金」ではない

また、日本の国債《こくさい》は、九十数パーセントが日本人によって購入《こうにゅう》されています。しかも、円建て国債です。ゆえに、ギリシャと一緒《いっしょ》にしてもらっては困るのです。日本の国債は、円建て国債であり、持っている人が亡《な》くなっても、それは、また次の人に資産として残るものなのです。

したがって、政府は、「政府の債務《さいむ》」のことを、「国の借金」と言うのをやめていただきたい。政府が、債務を負っているのです。債権者は国民なのです。国民は、資産（債権）を持っているのです。

国は、貸借対照表を発表しませんが、ざっと見て、五百兆円以上の財産を持っていることは明らかです。

しかし、政府は、これについて一言も言おうとしません。

道路もつくりました。橋もつくりました。公共の建物も数多くあります。空港もつくりました。これらは全部財産です。借金ではありません。ただ借金が残っているだけではないのです。

一方、お金をばら撒《ま》くために国債を発行したならば、それは単なる借金になります。

集めた税金を、子ども手当てや、教育手当て、老人手当て、あるいは定額給付金のようなかたちで、ばら撒いたとしても、そのお金が使われなかったら、経済効果はゼロです。単に、政府の持っているお金が、民間に移転しただけです。まったく経済効果を生まないのです。

「企業《きぎょう》が生産活動をして、雇用《こよう》する人たちに給料を払い、そして、給料を得た人たちが、さまざまなものを購入することができるようになる」という経済的発展が伴《ともな》ってはじめて、お金は生きてくるし、税金も生きてくるのです。

政府は、ここを間違《まちが》っています。自分たちが間違っておりながら、そのツケを国民に回すとは言語道断です。

「マスコミ関係の消費税は上げない」という密約がある

もう一点、述べておきたいことがあります。春ごろから、各マスコミが一斉《いっせい》に、「消費税率の引き上げ、やむなし」と言い始めました。

この裏には、「新聞社やテレビ局など、マスコミ関係の消費税だけは上げない」という密約があると言われています。これは悪魔《あくま》の密約以外の何ものでもありません。

マスコミが増税に賛成するなら、賛成してもよろしい。しかし、「わが新聞社は、率先《そっせん》して、十パーセントの消費税を払います。率先して、十五パーセントの消費税を払います」と、第一面で国民に約束しなさい。その上で、「国民に払え」

と言うならよろしい。自分たちは払う気がなくて、国民だけに払わそうとしている。

政府から、いろいろな隠し金をばら撒かれて、そんな密約をしているのは、悪魔のマスコミです。断じて許せません。

もっと透明性を上げ、正直に、国民に対して本当の姿を明らかにすべきです。そうしなければなりません。

自民党も民主党も、「消費税率を十パーセントに上げる」と言っています。ただ、自民党は野党なので、おそらくは、マスコミと密約はしていないでしょう。しているとしたら、今の民主党政権です。

マスコミ関係の消費税は、上げないつもりでいるのです。その裏約束ができているから、「増税やむなし」というような報道をしているわけです。

消費税を「富裕税《ふゆうぜい》」にしようとしている菅《かん》首相

しかも、最近、菅《かん》首相は、「年収二百万円や三百万円、あるいは四百万円までの人は、消費税を払っても、それを還付《かんぷ》する」というようなことを言い出しています（説法当時）。

年収四百万円以下の人たちは、日本の人口の四十数パーセントもいるのです。消費税を取っても、半分近くの人に返すというのであれば、この税金は、もう、消費税ではなく、単なる「富裕税《ふゆうぜい》」です。

消費税のもとは、公平性です。当時、税金を払っていない人が、日本には何割もいたので、「幅広《はばひろ》く、浅く、税金を払ってもらう。公平に負担してもらおう」という趣旨《しゅし》で、消費税が導入されたのです。

菅首相は、その消費税を、富裕税に変えようとしているのです。

そして、この考え方でいくと、年収四百万円以上の人は、日本から毎年減っていきます。豊かな人は国外に逃《に》げ出していきます。

そうなってしまったならば、誰《だれ》が、社会保障や社会福祉《ふくし》を負担するのでしょうか。誰が老人を養うのでしょうか。誰が子供を養うのでしょうか。

国民のみなさんには、豊かになってもらわなければいけません。それが、正しい道なのです。

4　日本よ、世界を救うリーダーを目指せ

日本は、円高消費を拡大し、ヨーロッパの不況《ふきょう》を救うべき

今やるべきことは、「経済成長」あるのみです。今、消費税を上げたら、必ず

不況《ふきょう》が来ます。同じことが、過去、何回も起きているのに、まだ分からないのでしょうか。

ヨーロッパは今、緊縮《きんしゅく》財政に入っています。政府が、お金を使わない「ケチケチ運動」に入っています。その結果、ヨーロッパの不況は海外に〝輸出〟されるでしょう。今、このヨーロッパを救えるのは、日本しかないのです。

しかし、日本が、同じような緊縮財政をとったら、彼らを救うことはできません。

今、円高が続いていますが、これは、「ヨーロッパからの輸入を増やし、円高消費を拡大しなければいけない」ということです。そうすれば、ヨーロッパの不況が「恐慌《きょうこう》」になるのを食い止めることができるのです。

菅《かん》氏は、日本の財政規模の大きさを悟《さと》らずに、「ギリシャと同じようになる」などと言っています。しかし、今、緊縮財政をし、増税をかけたら、日本も、まもなく不況に突入《とつにゅう》します。

ゆえに、私は、これを、「第二の国難」と呼んでいるのです。

彼は、はっきり言って経済オンチです。「この国が、この程度の人材しかつくれなかった」ということを、私は本当に悲しく思います。テレビに出演して話をしている様子を見ても、この人は外国為替《かわせ》の意味さえ理解していないことがよく分かります。

また、財務官僚《かんりょう》に振《ふ》り付けされたまま発言していて、貸借対照表に、「資産の部」と「負債《ふさい》の部」があることさえ知らないようです。

国債の九十数パーセントを、日本国民が保有し、運用している以上、海外のヘッジファンドなどに壊滅《かいめつ》させられるような状態には、今、ないのです。これが分からないのでしょうか。

菅氏は、まったくの経済オンチです。外交オンチの次には、経済オンチが出てきたのです。

この国を、どうしようというのでしょうか。魚は頭から腐《くさ》るように、国も頭から腐っていくのです。何とかして、この国を救わねばなりません。

今まで、増税によって税収が増えたことなどありません。増税のあと、税収は必ず減っているのです。

私は、「税収を増やすな」と言っているわけではありません。「今、税制を改革して、消費税の税率を上げたら、残念ながら不況が来て、税収は減る」と言っているのです。

ここが、共産党や社民党とは違《ちが》うところです。私は、世界的な経済理論に基づいて、「間違っている」と言っているのです。ここを勘違《かんちが》いしないでいただきたいと思います。

宇宙・ロボット・防衛産業へ投資すれば、日本はまだまだ発展できる

この国には、まだ夢があります。発展の余地があります。宇宙産業、ロボット産業、防衛産業など、長期的なものに投資をしていけば、まだまだ未来産業を拓《ひら》けます。

特に、防衛産業は、今、日本にいちばん欠けているものです。日本は、外国の善意を信じ、国防を外国に委《ゆだ》ねているような状態なのです。

また、今の民主党政権は、お隣《となり》の中国を、「理想の国」と思っているかもしれませんが、私は、はっきりと言っておきます。

中国には、十三億人の国民がいます。このうち、二億人は失業者です。二億人も失業者がいるのに、軍備費を二十数年連続で拡大させ、いったい、どこを占領《せんりょう》するつもりでいるのでしょうか。

さらに、中国には、売春婦をしている女性が、公《おおやけ》に出ている数字で六百万人、実数では三千万人を超《こ》えていると推定されています。

こうした状態を放置する一方、資産が一億円以上ある人たちが、五百万人も住んでいる国なのです。

格差是正《ぜせい》をすべきなのは、そして「最小不幸社会」をつくるべきなのは、中国のほうなのです。それが分からないのであれば、日本の首相は、中国に行き、向こうで政治をやればよいと思います。

せっかく、明治以降、優秀《ゆうしゅう》な人材が数多く出て、この国を救い、発展させてきたのに、「坂の上の雲」を目指してまっしぐらに登ってきたのに、たった一回の選挙で、この国を終わりにしたくはないのです。

私は、「未来」を前提として言っています。私には、未来の社会が見え、感じ取ることができます。それを前提として言っているのです。

また、いろいろな国の指導者たちの心のなかまで読むことができます。ゆえに、私が警告を発しないかぎり、日本の国民は、無告の民《たみ》として、警告を受けていない民として、今後、大きな災難に遭《あ》ってしまうのです。

だから、私たちが主張しているように、「経済成長への道」をとり、「不況の克《こく》服《ふく》」と「失業の対策」をなし、さらに、「国防」というものを、きっちりとやるべきです。

これは、冗談《じょうだん》ではありません。あなたがたの子孫の未来を護《まも》るために、本当にやらなければならないことなのです。

さらに、今、年金制度が行き詰《づ》まっています。しかし、その年金を使い込んだのは、誰《だれ》であったか。歴代の政府でしょう。そのことを、きちんと反省も謝罪もせず、使い込んだ分を税金で埋《う》め合わせようとは、何《なん》たることでしょうか。

これでは、サラ金からお金を借りて、借金を返済しているのと同じ状態です。

こんなことをしても、この国はよくなりません。

やるべきことは、新しい産業をつくるべく、投資を行うことです。

国民には、千四百から千五百兆円もの財産があります。政府の財産の部分を無視して計算しても、借金は八百数十兆円しかないのですから、日本には、まだ余力があるのです。この余力の部分を、将来、人々の糧《かて》を生み、税収を生むような新産業に投下しなければいけません。

「ハイパーインフレーションが起きる」という嘘《うそ》に騙《だま》されるな

世間のマスコミが言っているようなハイパーインフレーションなど起きません。日本はアルゼンチンのようにはなりません。「アルゼンチンのようになる」ということは、「通貨の価値が百分の一以下になる」ということなのです。分かりやすく言えば、「一万円札が百円になる」ということです。

しかし、今のデフレ経済下で、どうして、そのようなことになるのでしょうか。絶対にありえません。

彼らは経済オンチです。こうしたハイパーインフレーションは、国民一人あたり一億円もの通貨を供給して配らなければ、起きないのです（高橋洋一説を参考とした）。

今はデフレです。デフレとは、ものの値段が下がっていくことです。「ものの値段が下がっていく」ということは、「今、ものを買わずにいて、お金を持っているほうが有利である」ということを意味しています。

そして、そういうときに消費税率を上げたら、人々は、さらに買い控《びか》えをします。それによって、景気は後退し、税収は減るのです。

したがって、今は、消費税率を上げては相成《あいな》りません。

日本は、外国通貨建ての借金をしているわけではないのです。国債は円建てです。今はまだ、円で自由にできる状態なのです。

ハイパーインフレーションも起きません。国民に、五十兆円や百兆円、あるいは二百兆円を供給したぐらいでは起きないのです。一京《けい》円以上のお金を発行しなければ、それだけのインフレは起きないのです。今の政府には、こういうことが分かっていません。

前の首相は、防衛オンチ、外交オンチでしたが、今の首相も、防衛オンチ、外交オンチに、経済オンチと、全部揃《そろ》っています。そして、お金を、生産性を生まないところにばかり撒《ま》こうとしています。

教育にお金を撒いてもよいでしょう。ただ、その前に、教育の国際競争力を上げなさい。国際競争力を上げるかたちで教育に税金を使うなら、まだ、救いがあります。ただ、日教組《にっきょうそ》の教師たちを休ませるためだけに税金を使うのであれば、これは許せません。

私は、今、あなたがたに、新しい未来を授《さず》けたいと思います。

未来は、わが言葉の上に必ず築かれます。

日本よ、使命を果たしなさい。

そして、世界の人々に対して、日本が、世界を救うためのリーダーとなることを、ここに誓《ちか》いたいと思います。

あとがき

この国が国家社会主義化することを押しとどめ、責任ある自由の領域を拡大する。そして自由からの繁栄の道を開く。信教の自由なくして、国民の基本的人権の根拠《こんきょ》もありえない。神仏の子としての尊さが、人間の尊厳《そんげん》の本質だからだ。そういうことを私は述べ続けている。

戦後の長期にわたる左翼洗脳《さよくせんのう》教育は、この世的な意味においては、多数派形成に成功したのかもしれない。先日、某《ぼう》右翼の街宣車《がいせんしゃ》が「政教分離を徹底《てってい》しよう。」と叫びながら走り去っていくのを見た。神への信仰と祭政一致《さいせいいっち》の思想の上に、皇室が存続してきたことを知らないのである。戦後、左翼教育は、右翼の頭の中身まで破壊してしまったらしい。

この『未来への国家戦略』が、救いの一条の光となりますことを。

二〇一〇年　七月二十三日

国師《こくし》　大川隆法《おおかわりゅうほう》

本書は左記の内容をとりまとめ、加筆したものです。

第1章 「国難パート2」に備えよ
（原題 『大川隆法 政治提言集』講義）

二〇一〇年六月三日説法
東京都・白金精舎にて

第2章 富国創造に向けて
（原題 『富国創造論』講義）

二〇一〇年六月五日説法
栃木県・総本山・正心館にて

第3章 景気回復の指針
（原題 『景気回復法』講義）

二〇一〇年六月二十日説法
宮城県・仙台支部精舎にて

第4章 国家社会主義への警告
（原題 『国家社会主義とは何か』講義）

二〇一〇年六月二十二日説法
東京都・東京正心館にて

第5章 未来への国家戦略

二〇一〇年七月四日説法
神奈川県・横浜アリーナにて

『未来への国家戦略』大川隆法著作参考文献

『創造の法』（幸福の科学出版刊）
『大川隆法 政治提言集』（同右）
『富国創造論』（同右）
『景気回復法』（同右）
『国家社会主義とは何か』（同右）
『民主党亡国論』（同右）
『アダム・スミス霊言による「新・国富論」』（同右）
『日米安保クライシス』（同右）
『最大幸福社会の実現』（同右）

未来《みらい》への国家戦略《こっかせんりゃく》——この国に自由と繁栄を——

2010年8月7日　初版第1刷

著　者　　大《おお》川《かわ》隆《りゅう》法《ほう》

発行所　　幸福の科学出版株式会社

〒142-0041 東京都品川区戸越1丁目6番7号
TEL(03)6384-3777
http://www.irhpress.co.jp/

印刷・製本　株式会社 堀内印刷所

落丁・乱丁本はおとりかえいたします

©Ryuho Okawa 2010. Printed in Japan. 検印省略

ISBN978-4-86395-062-7 C0030

Photo: © あくせる -Fotolia.com

大川隆法最新刊・霊言シリーズ

日本を救う陰陽師パワー

公開霊言 安倍晴明・賀茂光栄

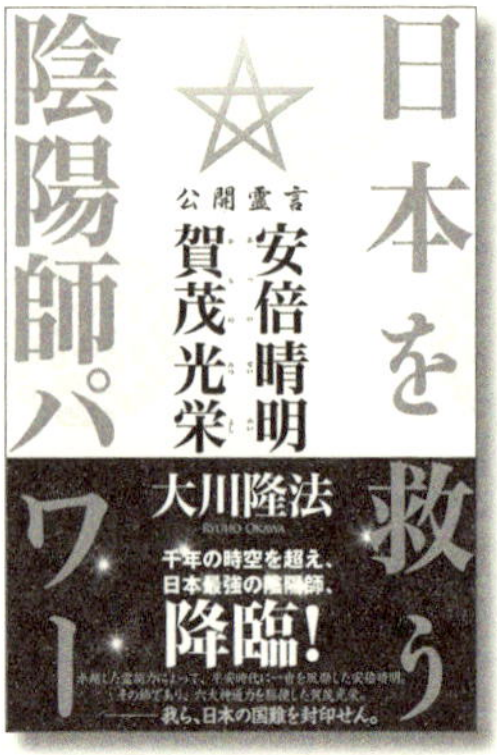

平安時代、この国を護った最強の陰陽師、安倍晴明《あべのせいめい》と賀茂光栄《かものみつよし》が現代に降臨！
あなたに奇蹟の力を呼び起こす。

第1章 宗教パワーが日本を救う <安倍晴明>
2020年までの日本の未来予測／宇宙のパワーを引いてくる方法／霊的磁場を形成する「結界」の力　ほか

第2章 光の国の実現を目指せ <賀茂光栄>
菅内閣に取り憑く悪魔の狙いとは
陰陽道から見た、今の日本の「光と闇」　ほか

1,200円

神々が語る レムリアの真実

ゼウス・マヌが明かす
古代文明の秘密

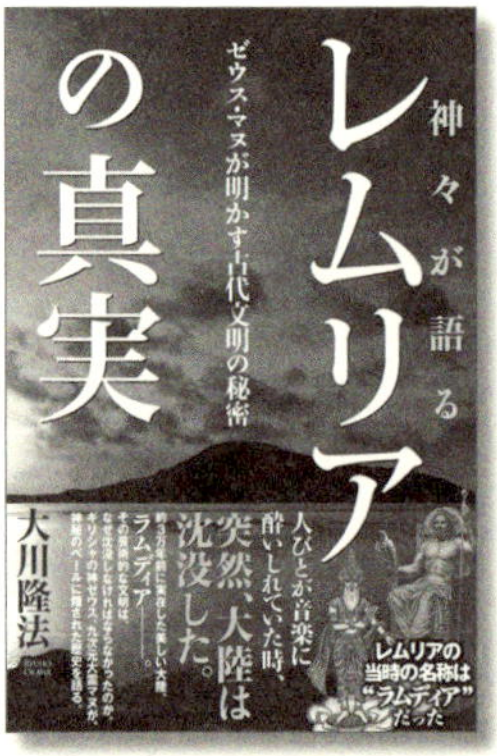

約3万年前に実在した大陸レムリア（ラムディア）の真実の姿とは。九次元霊ゼウス、マヌが神秘に包まれていた歴史を語る。

第1章 感性の文明が栄えたラムディア <ゼウス>
ゼウスから見た「ラムディア文明滅亡の原因」　ほか

第2章 地球文明と宇宙人の関係 <マヌ>
現在、宇宙人から技術供与を受けている国とは　ほか

第3章 マヌ霊言による「レムリアの真実」
『太陽の法』が書き直されたことの霊的意義　ほか

1,500円

※表示価格は本体価格（税別）です。

大川隆法ベストセラーズ・「未来への国家戦略」を描く

大川隆法 政治提言集

日本を自由の大国へ

2008年以降の政治提言を分かりやすくまとめた書。社会主義化する日本を救う幸福実現党・政策の真髄が、ここに。

1,000円

富国創造論

公開霊言 二宮尊徳・渋沢栄一・上杉鷹山

資本主義の精神を発揮し、近代日本を繁栄に導いた経済的偉人が集う。日本経済を立て直し、豊かさをもたらす叡智の数々。

1,500円

景気回復法

公開霊言 高橋是清・田中角栄・土光敏夫

日本を発展のレールに乗せた政財界の大物を、天上界より招く。日本経済を改革するアイデアに満ちた、国家救済の一書。

1,200円

国家社会主義とは何か

公開霊言 ヒトラー・菅直人守護霊・胡錦濤守護霊・仙谷由人守護霊

民主党政権は、日米同盟を破棄し、日中同盟を目指す！？ 菅直人首相と仙谷由人官房長官がひた隠す本音とは。

1,500円

幸福の科学出版

大川隆法ベストセラーズ・新しい国づくりのために

宗教立国の精神

この国に精神的主柱を

なぜ国家には宗教が必要なのか？ 政教分離をどう考えるべきか？ 国民の疑問に答えつつ、宗教が政治活動に進出するにあたっての決意を表明する。

2,000円

危機に立つ日本

国難打破から未来創造へ

2009年「政権交代」が及ぼす国難の正体と、現政権の根本にある思想的な誤りを克明に描き出す。未来のための警鐘を鳴らし、希望への道筋を掲げた一書。

1,400円

創造の法

常識を破壊し、新時代を拓く

斬新なアイデアを得る秘訣、究極のインスピレーション獲得法など、仕事や人生の付加価値を高める実践法が満載。業績不振、不況など難局を打開するヒントがここに。

1,800円

※表示価格は本体価格（税別）です。

大川隆法ベストセラーズ・混迷を打ち破る「未来ビジョン」

幸福実現党宣言

この国の未来をデザインする

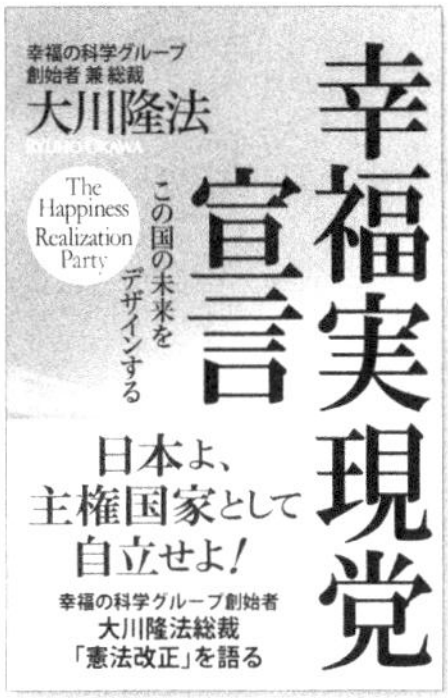

政治と宗教の真なる関係、「日本国憲法」を改正すべき理由など、日本が世界を牽引するために必要な、国家運営のあるべき姿を指し示す。

1,600円

政治の理想について

幸福実現党宣言②

幸福実現党の立党理念、政治の最高の理想、三億人国家構想、交通革命への提言など、この国と世界の未来を語る。

1,800円

政治に勇気を

幸福実現党宣言③

霊査によって明かされる「金正日の野望」とは? 気概のない政治家に活を入れる一書。孔明の霊言も収録。

1,600円

新・日本国憲法試案

幸福実現党宣言④

大統領制の導入、防衛軍の創設、公務員への能力制導入など、日本の未来を切り開く「新しい憲法」を提示する。

1,200円

夢のある国へ——幸福維新

幸福実現党宣言⑤

日本をもう一度、高度成長に導く政策、アジアに平和と繁栄をもたらす指針など、希望の未来への道筋を示す。

1,600円

大川隆法ベストセラーズ・霊言シリーズ

最大幸福社会の実現

天照大神の緊急神示

三千年の長きにわたり、日本を護り続けた天照大神が、国家存亡の危機を招く菅政権に退陣を迫る！　日本国民必読の書。

1,000円

エドガー・ケイシーの未来リーディング

同時収録　ジーン・ディクソンの霊言

中国による日本の植民地化、終わらない戦争、天変地異、宇宙人の地球介入……。人類を待ち構える未来を変える方法とは。

1,200円

霊性と教育

公開霊言　ルソー・カント・シュタイナー

なぜ、現代教育は宗教心を排除したのか。天才を生み出すために何が必要か。思想界の巨人たちが、教育界に贈るメッセージ。

1,200円

菅直人の原点を探る

公開霊言　市川房枝・高杉晋作

菅首相の尊敬する政治家、市川房枝と高杉晋作を招霊し、現政権の本質を判定する。「国難パート2」の正体が明らかにされる。

1,200円

※表示価格は本体価格（税別）です。

大川隆法ベストセラーズ・霊言シリーズ

新・高度成長戦略

公開霊言 池田勇人・下村治・高橋亀吉・佐藤栄作

奇跡の高度成長を実現した政治家・エコノミストたちによる、日本経済復活へのアドバイス。菅政権の政策の急所を突く。

1,300円

アダム・スミス霊言による「新・国富論」

同時収録 鄧小平の霊言 改革開放の真実

国家の経済的発展を導いた、英国の経済学者と中国の政治家。霊界における境遇の明暗が、真の豊かさとは何かを克明に示す。

1,300円

未来創造の経済学

公開霊言 ハイエク・ケインズ・シュンペーター

現代経済学の巨人である三名の霊人が、各視点で未来経済のあり方を語る。日本、そして世界に繁栄を生み出す、智慧の宝庫。

1,300円

ドラッカー霊言による「国家と経営」

日本再浮上への提言

「経営学の父」ドラッカーが、日本と世界の危機に、処方箋を示す。企業の使命から国家のマネジメントまで、縦横無尽に答える。

1,400円

幸福の科学

あなたに幸福を、地球にユートピアを——
宗教法人「幸福の科学」は、
この世とあの世を貫く幸福を目指しています。

幸福の科学は、仏法真理《ぶっぽうしんり》に基づいて、まず自分自身が幸福になり、その幸福を、家庭に、地域に、国家に、そして世界に広げていくために創られた宗教です。

「愛とは与えるものである」「苦難・困難は魂を磨く砥石《といし》である」といった真理を知るだけでも、悩みや苦しみを解決する糸口がつかめ、幸福への一歩を踏み出すことができるでしょう。

この仏法真理を説かれている方が、大川隆法総裁です。かつてインドに釈尊《しゃくそん》として、ギリシャにヘルメスとして生まれ、人類を導かれてきた存在、主エル・カンターレが、現代の日本に下生《げしょう》され、救世の法を説かれているのです。

主を信じる人は、どなたでも幸福の科学に入会することができます。あなたも幸福の科学に集い、本当の幸福を見つけてみませんか。

幸福の科学の活動

●全国および海外各地の精舎《しょうじゃ》、支部・拠点などで、大川隆法総裁の御法話拝聴会、祈願や研修などを開催しています。

●精舎は、日常の喧騒《けんそう》を離れた「聖なる空間」です。心を深く見つめることで、疲れた心身をリフレッシュすることができます。

●支部・拠点は「心の広場」です。さまざまな世代や職業の方が集まり、心の交流を行いながら、仏法真理を学んでいます。

幸福の科学入会のご案内

◆精舎、支部・拠点・布教所にて、入会式にのぞみます。入会された方には、経典《きょうてん》「入会版『正心法語《しょうしんほうご》』」が授与されます。

◆仏弟子としてさらに信仰を深めたい方は、三帰誓願式《さんきせいがんしき》を受けることができます。三帰誓願式とは、仏・法・僧の三宝《さんぽう》への帰依《きえ》を誓う儀式です。

◆お申し込み方法等は、最寄りの精舎、支部・拠点・布教所、または左記までお問い合わせください。

幸福の科学サービスセンター
TEL 03-5793-1727
受付時間 火～金：一〇時～二〇時
土・日：一〇時～一八時

大川隆法総裁の法話が掲載された、幸福の科学の小冊子（毎月１回発行）

月刊「幸福の科学」
幸福の科学の
教えと活動がわかる
総合情報誌

「ザ・伝道」
涙と感動の
幸福体験談

「ヘルメス・エンゼルズ」
親子で読んで
いっしょに成長する
心の教育誌

「ヤング・ブッダ」
学生・青年向け
ほんとうの自分
探究マガジン

幸福の科学の精舎、支部・拠点に用意しております。
詳細については下記の電話番号までお問い合わせください。

TEL 03-5793-1727

宗教法人 幸福の科学 ホームページ **http://www.happy-science.jp/**